Sous-Vide

Oppskrifter og teknikker for å lage gourmetretter hjemme

Chef Antoine

innhold

Omelett av kjøttdeig 10
Enkel vegetarisk frittata 12
Avokado og eggesmørbrød 14
Deviled Egg 15
Hardkokte egg 17
Syltede egg 18
Myke og chili egg 19
Benedek egg 20
Dill og gurkemeie eggerøre 21
Posjert egg 22
Egg i bacon 23
Cherry tomat egg 24
Pastrami Scramble 25
Tomat Shakshuka 26
Spinatomelett 27
Ruccola og prosciutto omelett 28
Ingefær vårløk omelett 29
Italienske kyllingfingre 30
Kirsebærkyllingbiter 32
Kanel persimmon toast 34
Kyllingvinger med ingefær 35
Biffbiff 37
Fylte Collard Greens 38
Herby Italiensk Pølse Pannini 39

Sitron og hvitløk artisjokker 41

Panko eggeplommer er kroketter 42

Chili Hummus 43

Sennepstrommestikker 44

Aubergine runder med pistasjnøtter 45

Grønn ertedip 46

pommes frites 47

Kalkunsalat med agurk 48

Ingefærkuler 49

Torskebiteballer 50

Glaserte babygulrøtter 52

Varme kyllingvinger 53

Løk og baconmuffins 54

Hvitvinsskjell 56

Tamari maiskolber 57

Kamskjell med bacon 58

Reker forrett 59

Kyllingleverpålegg 60

Ingefær squash grønnsaker 61

Hummerhaler 62

BBQ Tofu 63

Deilig arme riddere 64

Søt og krydret and 65

Sous Vide syltet rabarbra 66

Kalkun kjøttboller 67

Søte lår med soltørkede tomater 68

Adobo kylling 69

"Eat-me" fruktig Chorizo 70
Kylling og sopp i Marsala saus 71
Vanilje aprikos med whisky 73
Enkel krydret hummus 74
Kaffir Lime trommeslagere 76
Melk potetmos med rosmarin 77
Søt tofu kebab med grønnsaker 78
Dijon kyllingfilet 80
Paprika fylt med gulrøtter og valnøtter 81
Appelsinand med paprika og timian 83
Kalkunlegg pakket inn i bacon 84
Asparges blandes med estragon 85
Krydret blomkålsteker 87
Cayennepotetstrimler med mayodressing 88
Smøraktig og søt and 90
Smøraktig syltetøy 91
Spinat og sopp quiche 92
Meksikansk smør mais 94
Osteaktig pære med valnøtter 96
Brokkoli og blåmuggostmos 97
Curry zucchini 98
Søtpoteter med valnøtter 99
Krydret syltede rødbeter 100
Krydret smør mais 101
Paprika og rosmarinpoteter 102
Glasert gresskarbrød 103
Purre og hvitløk egg 104

Kremet artisjokkdip 105

Reddikostdip 107

Selleridip 108

Krydret BBQ-saus 109

Peri Peri saus 111

Ingefærsirup 112

Kyllingkraft 113

Løk Pomodoro saus 114

Pepperpuré 115

Jalapeno krydder 116

Biffsuppe 118

Hvitløk basilikum rub 120

Honning og løk balsamicodressing 121

Tomatsaus 122

Sjømat lager 123

Fiske suppe 124

Aspargesdressing med sennep 125

Plantebestand 127

Hvitløk Tabasco Edamame ost 129

Herby Mashed Snow Peas 130

Salvie stekt potetmos 131

Smørte asparges med timian og ost 133

Deilig pastinakk med honningglasur 134

Tomatkrem med ostesmørbrød 135

Lønnbetesalat med cashewnøtter og Queso Fresco 137

Osteaktig paprika med blomkål 139

Høst squash kremsuppe 141

Selleri og purre potetsuppe 143
Lemon Collard Greens Salat med blåbær 145
Sitrusmais med tomatsaus 146
Ingefær Tamari rosenkål med sesam 148
Rødbetespinatsalat 150
Hvitløk med grønn mynte 152
Rosenkål i hvitvin 154
Rødbete- og geitostsalat 155
Blomkål brokkolisuppe 157
Smørerter med mynte 159
Rosenkål i søt sirup 160
Reddiker med urteost 162
Balsamico dampet kål 163
Posjerte tomater 164
Ratatouille 165
Tomatsuppe 167
Stuede rødbeter 169
Aubergine lasagne 170
Soppsuppe 172
Vegetarisk parmesan risotto 174
Grønn suppe 175
Blandet grønnsakssuppe 177
Røkt Paprika Veggie Wontons 179
Quinoa og selleri Miso rett 181
Reddik og basilikumsalat 183
Paprikablanding 184
Koriander gurkemeie quinoa 185

Oregano hvite bønner 186
Potet- og daddelsalat 187
Paprikagryn 189
Druegrønnsaksblanding 190
Mint kikert og sopprett 191
Grønnsak Caponata 193
Braisert mangold med lime 194
Rotgrønnsaksmos 195
Kål og paprika i tomatsaus 196
Sennepslinser og tomatrett 197
Pepper ris pilaf med rosiner 198
Spisskummen suppe med yoghurt 199
Smøraktig sommersquash 201
Karri ingefær og nektarin chutney 202
Rosemary Russet Poteter Confit 204
Karripære og kokoskrem 205
Myk brokkolipuré 206
Deilig chutney laget av dadler og mango 207
Mandarin og grønne bønnesalat med valnøtter 209
Grønn ertekrem med muskatnøtt 210
Enkel brokkolipuré 211
Rød chili brokkoli suppe 212
Fedd miso mais med sesam og honning 214
Kremet gnocchi med erter 216
Honning eple og ruccolasalat 217

Omelett av kjøttdeig

Tilberedning + koketid: 35 minutter | Porsjoner: 3

Ingredienser:

1 kopp mager kjøttdeig
¼ kopp finhakket løk
¼ ts tørket timian, malt
½ ts tørket oregano, malt
Salt og sort pepper etter smak
1 ss olivenolje

Rute:

Varm oljen i en panne på middels varme. Tilsett løken og stek i ca 3-4 minutter eller til den er gjennomsiktig. Tilsett kjøttdeig og stek i 5 minutter, rør av og til. Dryss over salt, pepper, timian og oregano. Bland godt og kok i et minutt til. Fjern fra varmen og sett til side.

Forbered et vannbad og plasser Sous Vide i den. Sett til 170F. Pisk eggene i en middels bolle og hell over i en vakuumforseglbar pose. Tilsett kjøttdeig blanding. Slipp ut luften ved å bruke vannfortrengningsmetoden og forsegl posen.

Senk posen i vannbadet og still timeren på 15 minutter. Bruk en hanske og masser posen hvert 5. minutt for å sikre jevn matlaging. Når timeren har stoppet, tar du posen ut av vannbadet og overfører omeletten til et serveringsfat.

Enkel vegetarisk frittata

Tilberedning + koketid: 1 time 40 minutter | Porsjoner: 5

Ingredienser

1 ss olivenolje

1 middels løk, finhakket

Salt etter smak

4 fedd hakket hvitløk

1 daikon, skrelt og i terninger

2 gulrøtter, skrelt og i terninger

1 pastinakk, skrelt og i terninger

1 kopp butternut squash, skrelt og i terninger

6 gram østerssopp, hakket

¼ kopp persilleblader, nyhakket

En klype røde pepperflak

5 store egg

¼ kopp helmelk

Ruter

Forbered et vannbad og plasser Sous Vide i den. Sett til 175F. Smør noen flasker med olje. Legger du det til side, ignorerer du det.

Varm opp en panne med olje over høy varme. Tilsett rødløken i 5 minutter. Tilsett hvitløk og stek i 30 sekunder. Smak til med salt. Bland gulrøtter, daikon, squash og pastinakk. Smak til med salt og kok i ytterligere 10 minutter. Tilsett soppen og smak til med pepperflak og persille. Kok i 5 minutter.

Pisk egg og melk i en bolle, tilsett salt. Skille blandingen mellom glassene med grønnsakene. Forsegl og dypp glassene i vannbadet. Kok i 60 minutter. Når timeren har stoppet, fjern flaskene. La avkjøle og server.

Avokado og eggesmørbrød

Tilberedning + koketid: 70 minutter | Porsjoner: 4

Ingredienser:

8 brødskiver

4 egg

1 avokado

1 ts paprika

4 ts hollandaisesaus

1 ss hakket persille

Salt og sort pepper etter smak

Rute:

Forbered et vannbad og plasser Sous Vide i den. Sett til 145F. Skrap ut kjøttet av avokadoen og mos den. Rør inn saus og krydder. Legg eggene i en vakuumforseglbar pose. Slipp ut luften ved hjelp av vannfortrengningsmetoden, forsegl og senk posen i et vannbad. Still inn timeren på 1 time.

Når den er ferdig, legg den umiddelbart i et isbad for å kjøle seg ned. Skrell og del eggene i skiver. Smør halvparten av eggeskivene med avokadopuré og fordel med eggeskiver. Legg de resterende brødskivene på toppen.

Deviled Egg

Tilberedning + koketid: 75 minutter | Porsjoner: 6

Ingredienser:

6 egg

Saft av 1 sitron

2 ss hakket persille

1 tomat, hakket

2 ss hakkede svarte oliven

1 ss yoghurt

1 ss olivenolje

1 ts sennep

1 ts chilipulver

Rute:

Forbered et vannbad og plasser Sous Vide i den. Sett til 170F. Legg eggene i en vakuumforseglbar pose. Slipp ut luften ved hjelp av vannfortrengningsmetoden, forsegl og senk posen i et vannbad. Still inn timeren på 1 time.

Når du er ferdig, ta ut posen og legg den i et isbad for å kjøle seg ned og skrell den. Skjær den i to og øs ut eggeplommen. Tilsett resten av ingrediensene til eggeplommen og bland. Fyll eggene med blandingen.

Hardkokte egg

Tilberedning + koketid: 1 time 10 minutter | Porsjoner: 3

Ingredienser:

3 store egg
Isbad

Rute:

Forbered et vannbad, sett inn Sous Vide og sett til 165F. Legg eggene i vannbadet og still timeren på 1 time.

Når timeren har stoppet, overfør eggene til et isbad. Skrell eggene. Server som snacks eller i salater.

Syltede egg

Tilberedning + koketid: 2 timer 10 minutter | Porsjoner: 6

Ingredienser:

6 egg

1 ss pepper

Saft fra en boks rødbeter

1 kopp eddik

½ spiseskje salt

2 fedd hvitløk

1 laurbærblad

¼ kopp sukker

Rute:

Forbered et vannbad og plasser Sous Vide i den. Sett til 170F. Senk eggene forsiktig ned i vannet og kok i 1 time. Bruk en hullsleiv, flytt dem over i en stor bolle med iskaldt vann og la dem avkjøles i noen minutter. Skrell den og legg den i en 1-liters murkrukke med hengslet lokk.

Bland de andre ingrediensene i en liten bolle. Hell eggene over den, lukk den og senk den ned i badekaret. Kok i 1 time. Ta fatet ut av vannbadet og avkjøl til romtemperatur.

Myke og chili egg

Tilberedning + koketid: 60 minutter | Porsjoner: 5

Ingredienser:

1 ss chilipulver
5 egg
Salt og sort pepper etter smak

Rute:

Forbered et vannbad og plasser Sous Vide i den. Sett til 147F. Legg eggene i en vakuumforseglbar pose. Slipp ut luften ved hjelp av vannfortrengningsmetoden, forsegl og senk ned i badekaret. Kok i 50 minutter.

Når timeren har stoppet, fjern posen og plasser den i et isbad for å avkjøle og stivne. Dryss eggene med krydder og server.

Benedek egg

Tilberedning + koketid: 70 minutter | Porsjoner: 4

Ingredienser:

4 egg
3 gram bacon, i skiver
5 ss hollandaisesaus
4 kjeksmuffins
Salt og sort pepper etter smak

Rute:

Forbered et vannbad og plasser Sous Vide i den. Sett til 150F. Legg eggene i en vakuumforseglbar pose. Slipp ut luften ved å bruke vannfortrengningsmetoden, forsegl og senk posen i vannbadet. Still inn timeren på 1 time.

Etter at timeren har stoppet, fjern posen og separer den. Skrell eggene og legg dem på toppen av muffinsene. Dryss over saus og dryss over salt og pepper. Topp med bacon.

Dill og gurkemeie eggerøre

Tilberedning + koketid: 35 minutter | Porsjoner: 8

Ingredienser:

8 egg
1 spiseskje gurkemeiepulver
¼ kopp dill
1 teskje salt
En klype paprika

Rute:

Forbered et vannbad og plasser Sous Vide i den. Sett til 165F. Pisk eggene i en bolle med de andre ingrediensene. Overfør til en vakuumforseglbar pose. Slipp ut luften ved hjelp av vannfortrengningsmetoden, forsegl og senk posen i et vannbad. Still inn timeren på 15 minutter.

Når timeren har stoppet, fjern posen og masser den forsiktig for å stivne. Kok i ytterligere 15 minutter. Fjern posen forsiktig fra vannet. Serveres varm.

Posjert egg

Tilberedning + koketid: 65 minutter | Porsjoner: 4

Ingredienser:

4 kopper vann

4 egg paprika

1 ss majones

Salt og sort pepper etter smak

Rute:

Forbered et vannbad og plasser Sous Vide i den. Sett til 145F. Legg eggene i en vakuumforseglbar pose. Slipp ut luften ved å bruke vannfortrengningsmetoden, lukk og senk badekaret ned. Still inn timeren på 55 minutter.

Når timeren har stoppet, fjern posen og overfør til et isbad for å avkjøle og skrelle. I mellomtiden koker du opp vannet i en panne. Tilsett de skrellede eggene og kok i ett minutt. Mens egget koker blander du de andre ingrediensene. Dryss med eggene.

Egg i bacon

Tilberedning + koketid: 7 timer 15 minutter | Porsjoner: 4

Ingredienser:

4 kokte egg

1 ts smør

7 gram bacon, i skiver

1 ss dijonsennep

4 gram mozzarellaost, i skiver

Salt og sort pepper etter smak

Rute:

Forbered et vannbad og plasser Sous Vide i den. Sett til 140F. Gni baconet med smør og pepper. Legg en skive mozzarella på toppen av hvert egg og pakk eggene og osten inn i bacon.

Smør med sennep og legg i en vakuumforseglbar pose. Slipp ut luften ved hjelp av vannfortrengningsmetoden, forsegl og senk posen i et vannbad. Still inn timeren på 7 timer. Når timeren har stoppet, fjern posen og overfør den til en tallerken. Serveres varm.

Cherry tomat egg

Tilberedning + koketid: 40 minutter | Porsjoner: 6

Ingredienser:

10 egg

1 kopp cherrytomater, halvert

2 ss rømme

1 ss gressløk

½ kopp melk

½ ts muskatnøtt

1 ts smør

1 teskje salt

Rute:

Forbered et vannbad og plasser Sous Vide i den. Sett til 170F.

Legg cherrytomatene i en stor, vakuumlukkbar pose. Pisk eggene sammen med de andre ingrediensene og hell over tomatene. Slipp ut luften ved hjelp av vannfortrengningsmetoden, forsegl og senk posen i et vannbad. Still inn timeren på 30 minutter. Når du er klar, fjern posen og overfør til en tallerken.

Pastrami Scramble

Tilberedning + koketid: 25 minutter | Porsjoner: 3

Ingredienser:

6 egg

½ kopp pastrami

2 ss tung krem

Salt og sort pepper etter smak

2 ss smør, smeltet

3 skiver toast

Rute:

Forbered et vannbad og plasser Sous Vide i den. Sett til 167F. Bland smør, egg, fløte og krydder i en vakuumforseglbar pose. Slipp ut luften ved hjelp av vannfortrengningsmetoden, forsegl og senk posen i et vannbad. Still inn timeren på 15 minutter. Når timeren har stoppet, fjern posen og overfør eggene til en tallerken. Server på toppen av toasten.

Tomat Shakshuka

Tilberedning + koketid: 2 timer 10 minutter | Porsjoner: 3

Ingredienser:

28 oz boks knuste tomater

6 egg

1 ss paprika

2 fedd hvitløk, finhakket

Salt og sort pepper etter smak

2 ts spisskummen

¼ kopp hakket koriander

Rute:

Forbered et vannbad og plasser Sous Vide i den. Sett til 148F. Legg eggene i en vakuumforseglbar pose. Slipp ut luften ved hjelp av vannfortrengningsmetoden, forsegl og senk posen i et vannbad. Kombiner resten av ingrediensene i en annen vakuumforseglingspose. Still inn timeren på 2 timer.

Del tomatsausen i tre boller. Når timeren har stoppet, fjern posen. Skrell eggene og ha 2 i hver bolle.

Spinatomelett

Tilberedning + koketid: 20 minutter | Porsjoner: 2

Ingredienser:

4 store egg, pisket

¼ kopp gresk yoghurt

¾ kopp frisk spinat, hakket

1 ss smør

¼ kopp cheddarost, revet

¼ teskje salt

Rute:

Forbered et vannbad, sett inn Sous Vide og sett til 165F. Pisk eggene i en middels bolle. Rør inn yoghurt, salt og ost. Plasser blandingen i en gjenlukkbar vakuumpose og forsegl. Senk posen i et vannbad. Kok i 10 minutter.

Smelt smøret i en panne på middels varme. Tilsett spinaten og kok i 5 minutter. Legger du det til side, ignorerer du det. Når timeren har stoppet, fjern posen, overfør eggene til en serveringsfat. Smør med spinat og brett omeletten.

Ruccola og prosciutto omelett

Tilberedning + koketid: 25 minutter | Porsjoner: 2

Ingredienser:

4 tynne skiver prosciutto

5 store egg

¼ kopp frisk ruccola, finhakket

¼ kopp avokado i skiver

Salt og sort pepper etter smak

Rute:

Forbered et vannbad, sett inn Sous Vide og sett til 167F. Pisk eggene med ruccola, salt og pepper. Overfør til en vakuumforseglbar pose. Trykk for å fjerne luften, og lukk lokket. Kok i 15 minutter. Når timeren har stoppet, fjern posen, åpne den og legg omeletten på en tallerken og topp den med avokadoskiver og prosciutto.

Ingefær vårløk omelett

Tilberedning + koketid: 20 minutter | Porsjoner: 2

Ingredienser:

8 frittgående egg, pisket
½ kopp løkløk
1 ts ingefær, nyrevet
1 ss ekstra virgin olivenolje
Salt og sort pepper etter smak

Rute:

Forbered et vannbad, sett inn Sous Vide og sett til 165F.

I en middels bolle, visp egg, ingefær, salt og pepper. Overfør blandingen til en gjenlukkbar vakuumpose og forsegl. Senk posen i et vannbad. Kok i 10 minutter.

Varm olje i en panne på middels varme. Stek vårløken i 2 minutter. Når timeren har stoppet, fjern posen, åpne den og ta omeletten ut på en tallerken. Skjær den i tynne skiver, legg en løk på toppen, og server omeletten foldet.

Italienske kyllingfingre

Tilberedning + koketid: 2 timer 20 minutter | Porsjoner: 3

Ingredienser:

1 kilo kyllingbryst, uten ben og skinn
1 kopp mandelmel
1 ts finhakket hvitløk
1 teskje salt
½ ts kajennepepper
2 ts blandede italienske urter
¼ teskje svart pepper
2 egg, pisket
¼ kopp olivenolje

Rute:

Skyll kjøttet under kaldt rennende vann og tørk med tørkepapir. Smak til med blandede italienske urter og legg i en stor vakuumforsegler. Forsegl posen og kok i sous vide i 2 timer ved 167F. Fjern fra vannbad og sett til side.

Bland nå mel, salt, cayenne, italienske urter og pepper i en bolle og sett til side. Pisk eggene i en egen bolle og sett til side.

Varm olivenolje i en stor panne på middels varme. Dypp kyllingen i det sammenpiskede egget og dekk med melblandingen. Stek på begge sider i 5 minutter eller til de er gyldenbrune.

Kirsebærkyllingbiter

Tilberedning + koketid: 1 time 40 minutter | Porsjoner: 3

Ingredienser:

1 kilo kyllingbryst, uten bein og skinn, kuttet i passe store biter
1 kopp rød paprika, i terninger
1 kopp grønn paprika, i terninger
1 kopp cherrytomater, hele
1 kopp olivenolje
1 ts italiensk krydderblanding
1 ts kajennepepper
½ ts tørket oregano
Salt og sort pepper etter smak

Rute:

Skyll kjøttet under kaldt rennende vann og tørk med tørkepapir. Skjær i passe store biter og sett til side. Vask paprikaen og skjær den i terninger. Vask cherrytomatene og fjern de grønne stilkene. Legger du det til side, ignorerer du det.

I en bolle blander du olivenolje med italiensk krydder, cayenne, salt og pepper.

Rør til det er godt innlemmet. Tilsett kjøttet og dekk godt med marinaden. Sett til side i 30 minutter for å la smakene smelte sammen og trenge gjennom kjøttet.

Legg kjøttet og grønnsakene i en stor, vakuumlukkbar pose. Tilsett tre spiseskjeer marinade og forsegl posen. Kok i sous vide i 1 time ved 149F.

Kanel persimmon toast

Tilberedning + koketid: 4 timer 10 minutter | Porsjoner: 6

Ingredienser:

4 brødskiver, ristet

4 persimmons, hakket

3 ss sukker

½ teskje kanel

2 ss appelsinjuice

½ ts vaniljeekstrakt

Rute:

Forbered et vannbad og plasser Sous Vide i den. Sett til 155F.

Legg persimmonene i en vakuumforseglbar pose. Tilsett appelsinjuice, vaniljeekstrakt, sukker og kanel. Forsegl posen og rist godt for å belegge persimmonbitene. Slipp ut luften ved hjelp av vannfortrengningsmetoden, forsegl og senk posen i et vannbad. Still inn timeren på 4 timer.

Når timeren har stoppet, fjern posen og overfør persimmonene til en foodprosessor. Bland til glatt. Fordel persimmonblandingen på ristet brød.

Kyllingvinger med ingefær

Tilberedning + koketid: 2 timer 25 minutter | Porsjoner: 4

Ingredienser:

2 kilo kyllingvinger

¼ kopp ekstra virgin olivenolje

4 fedd hvitløk

1 ss rosmarinblader, hakket

1 ts hvit pepper

1 ts kajennepepper

1 ss frisk timian, hakket

1 ss fersk ingefær, revet

¼ kopp limejuice

½ kopp eplecidereddik

Rute:

Skyll kyllingvingene under kaldt rennende vann og la dem renne av i et stort dørslag.

I en stor bolle blander du olivenolje med hvitløk, rosmarin, hvit pepper, cayennepepper, timian, ingefær, limejuice og eplecidereddik. Dypp vingene i denne blandingen og dekk til. Avkjøl i en time.

Overfør vingene, sammen med marinaden, til en stor vakuumforseglbar pose. Lukk posen og kok i sous vide i 1 time og 15 minutter ved 149F. Fjern fra den vakuumforseglbare posen og rist før servering. Server og nyt!

Biffbiff

Tilberedning + koketid: 1 time 55 minutter | Porsjoner: 4

Ingredienser:

1 kilo mager kjøttdeig

1 egg

2 ss mandler, finhakket

2 ss mandelmel

1 kopp løk, hakket

2 fedd hvitløk, knust

¼ kopp olivenolje

Salt og sort pepper etter smak

¼ kopp persilleblader, hakket

Rute:

I en bolle blander du kjøttdeigen med finhakket løk, hvitløk, olje, salt, pepper, persille og mandler. Bland godt med en gaffel, og tilsett deretter litt mandelmel gradvis.

Pisk et egg og avkjøl i 40 minutter. Ta kjøttet ut av kjøleskapet og form forsiktig til brød som er omtrent en tomme tykke og omtrent 4 tommer i diameter. Legg i to separate vakuumforseglede poser og kok i sous vide i en time ved 129F.

Fylte Collard Greens

Tilberedning + koketid: 65 minutter | Porsjoner: 3

Ingredienser:

1 kilo grønt krydder, dampet
1 kilo mager kjøttdeig
1 liten løk, finhakket
1 ss olivenolje
Salt og sort pepper etter smak
1 ts fersk mynte, finhakket

Rute:

Kok opp en stor kjele med vann og tilsett grønt. Kok kort i 2-3 minutter. Tøm og klem forsiktig grønnsakene, og sett deretter til side.

I en stor bolle kombinerer du kjøttdeig, løk, olje, salt, pepper og mynte. Bland godt til det er innarbeidet. Plasser bladene på arbeidsflaten med venene vendt opp. Bruk en spiseskje kjøttblanding og legg på midten av hvert blad nederst. Brett sidene opp og rull godt sammen. Stikk sidene inn og overfør forsiktig til en stor vakuumforseglingspose. Lukk posen og kok i sous vide i 45 minutter ved 167F.

Herby Italiensk Pølse Pannini

Tilberedning + koketid: 3 timer 15 minutter | Porsjoner: 4

Ingredienser

1 kilo italiensk pølse

1 rød paprika, i skiver

1 gul paprika, i skiver

1 løk, i skiver

1 fedd hvitløk, hakket

1 kopp tomatjuice

1 ts tørket oregano

1 ts tørket basilikum

1 ts olivenolje

Salt og sort pepper etter smak

4 brødskiver

Ruter

Forbered et vannbad og plasser Sous Vide i den. Sett til 138F.

Legg pølsen i en vakuumforseglet pose. Tilsett hvitløk, basilikum, løk, pepper, tomatjuice og oregano i hver pose. Bruk vannfortrengningsmetoden, slipp ut luften, forsegl og senk posene ned i vannbadet. Kok i 3 timer.

Når timeren har stoppet, fjerner du pølsene og overfører dem til en varm panne. Stek dem i 1 minutt på hver side. Legger du det til side, ignorerer du det. Tilsett resten av ingrediensene i pannen, smak til med salt og pepper. Kok til vannet fordamper. Server pølsene og andre ingredienser mellom brødene.

Sitron og hvitløk artisjokker

Tilberedning + koketid: 2 timer 15 minutter | Porsjoner: 5

Ingredienser:

3 artisjokker

Saft av 3 sitroner

1 spiseskje sennep

5 fedd hvitløk, finhakket

1 ss finhakket grønn løk

4 ss olivenolje

Rute:

Forbered et vannbad og plasser Sous Vide i den. Sett til 195F. Vask og skille artisjokkene. Legg den i en plastbolle. Tilsett de andre ingrediensene og rist godt. Legg all blandingen i en plastpose. Forsegl og senk posen i et vannbad. Still inn timeren på 2 timer.

Når timeren har stoppet, fjern posen og grill i ett minutt per side.

Panko eggeplommer er kroketter

Tilberedning + koketid: 60 minutter | Porsjoner: 5

Ingredienser:

2 egg pluss 5 eggeplommer

1 kopp panko brødsmuler

3 ss olivenolje

5 ss mel

¼ ts italiensk krydder

½ teskje salt

¼ ts paprika

Rute:

Forbered et vannbad og plasser Sous Vide i den. Sett til 150F. Legg eggeplommene i vannet (uten pose eller kopp) og stek i 45 minutter, snu halvveis. La det avkjøles litt. Pisk eggene sammen med resten av ingrediensene bortsett fra oljen. Dypp plommen i egg-panko-blandingen.

Varm oljen i en panne. Stek plommene til de er gyldenbrune på noen minutter på hver side.

Chili Hummus

Tilberedning + koketid: 4 timer 15 minutter | Porsjoner: 9)

Ingredienser:

16 gram kikerter, bløtlagt over natten og drenert
2 fedd hvitløk, finhakket
1 ts sriracha
¼ ts chilipulver
½ ts chiliflak
½ kopp olivenolje
1 spiseskje salt
6 kopper vann

Rute:

Forbered et vannbad og plasser Sous Vide i den. Sett til 195F. Legg kikertene og vannet i en plastpose. Slipp ut luften ved hjelp av vannfortrengningsmetoden, forsegl og senk posen i et vannbad. Still inn timeren på 4 timer.

Når timeren har stoppet, fjern posen, tøm av vannet og overfør kikertene til en foodprosessor. Tilsett resten av ingrediensene. Bland til glatt.

Sennepstrommestikker

Tilberedning + koketid: 1 time | Porsjoner: 5

Ingredienser:

2 kilo kyllinglår
¼ kopp dijonsennep
2 fedd hvitløk, knust
2 ss kokosnøttaminosyrer
1 ts rosa himalayasalt
½ ts sort pepper

Rute:

Skyll skjøten under kaldt rennende vann. Hell av i et stort dørslag og sett til side.

I en liten bolle blander du Dijon med knust hvitløk, kokosnøttaminos, salt og pepper. Påfør blandingen på kjøttet med en kjøkkenbørste og legg i en stor vakuumforseglbar pose. Lukk posen og kok i sous vide i 45 minutter ved 167F.

Aubergine runder med pistasjnøtter

Tilberedning + koketid: 8 timer 10 minutter | Porsjoner: 8

Ingredienser:

3 auberginer, i skiver

¼ kopp knuste pistasjnøtter

1 ss miso

1 ss mirin

2 ts olivenolje

1 ts gressløk

Salt og sort pepper etter smak

Rute:

Forbered et vannbad og plasser Sous Vide i den. Sett til 185F.

Bland olje, mirin, gressløk, miso og pepper. Fordel aubergineskivene med denne blandingen. Legg i en enkeltlags vakuumforseglbar pose og topp med pistasjnøtter. Gjenta prosessen til alle ingrediensene er brukt. Slipp ut luften ved hjelp av vannfortrengningsmetoden, forsegl og senk posen i et vannbad. Still inn timeren på 8 timer. Når timeren har stoppet, fjern posen og platen.

Grønn ertedip

Tilberedning + koketid: 45 minutter | Porsjoner: 8

Ingredienser:

2 kopper grønne erter

3 ss tung krem

1 ss estragon

1 fedd hvitløk

1 ts olivenolje

Salt og sort pepper etter smak

¼ kopp epler i terninger

Rute:

Forbered et vannbad og plasser Sous Vide i den. Sett til 185F. Legg alle ingrediensene i en vakuumforseglbar pose. Slipp ut luften ved hjelp av vannfortrengningsmetoden, forsegl og senk posen i et vannbad. Still inn timeren på 32 minutter. Når timeren har stoppet, fjern posen og miks til jevn med en stavmikser.

pommes frites

Tilberedning + koketid: 45 | Porsjoner: 6

Ingredienser:

3 kilo poteter i skiver
5 kopper vann
Salt og sort pepper etter smak
¼ teskje natron

Rute:

Forbered et vannbad og plasser Sous Vide i den. Sett til 195F.

Legg potetbåtene, vann, salt og natron i en vakuumforseglbar pose. Slipp ut luften ved hjelp av vannfortrengningsmetoden, forsegl og senk posen i et vannbad. Still inn timeren på 25 minutter.

Varm opp oljen i en panne på middels varme i mellomtiden. Når timeren har stoppet, fjern potetskivene fra saltlaken og tørk dem. Stek i oljen i noen minutter til de er gyldenbrune.

Kalkunsalat med agurk

Tilberedning + koketid: 2 timer 20 minutter | Porsjoner: 3

Ingredienser:

1 kilo kalkunbryst, i skiver

½ kopp kyllingbuljong

2 fedd hvitløk, finhakket

2 ss olivenolje

1 teskje salt

¼ ts kajennepepper

2 laurbærblader

1 middels stor tomat, hakket

1 stor rød paprika, hakket

1 middels stor agurk

½ ts italiensk krydder

Rute:

Krydre kalkunen med salt og kajennepepper. Legg i en vakuumforsegler sammen med kyllingbuljong, hvitløk og laurbærblad. Forsegl posen og kok i Sous Vide i 2 timer ved 167F. Fjern og sett til side. Legg grønnsakene i en stor bolle og tilsett kalkunen. Bland med italienske krydder og olivenolje. Bland godt og server umiddelbart.

Ingefærkuler

Tilberedning + koketid: 1 time 30 minutter | Porsjoner: 3

Ingredienser:

1 kilo kjøttdeig
1 kopp løk, hakket
3 ss olivenolje
¼ kopp frisk koriander, hakket
¼ kopp fersk mynte, finhakket
2 ts ingefærpasta
1 ts kajennepepper
2 ts salt

Rute:

I en stor bolle kombinerer du kjøttdeig, løk, olivenolje, koriander, mynte, koriander, ingefærpasta, kajennepepper og salt. Form patties og avkjøl i 15 minutter. Ta ut av kjøleskapet og overfør til separate vakuumforseglede poser. Stek i Sous Vide i 1 time ved 154F.

Torskebiteballer

Tilberedning + koketid: 105 minutter | Porsjoner: 5

Ingredienser:

12 gram hakket torsk

2 gram brød

1 ss smør

¼ kopp mel

1 ss semulegryn

2 ss vann

1 spiseskje finhakket hvitløk

Salt og sort pepper etter smak

¼ ts paprika

Rute:

Forbered et vannbad og plasser Sous Vide i den. Sett til 125F.

Bland brødet og vannet og mos blandingen. Tilsett resten av ingrediensene og bland godt. Form blandingen til kuler.

Spray en stekepanne med kokespray og stek bitebollene på middels varme i ca 15 sekunder på hver side til de er lett brune. Legg torskebittene i en vakuumforseglbar pose. Slipp ut luften ved hjelp av vannfortrengningsmetoden, forsegl og senk posen i et vannbad. Still inn timeren på 1 time og 30 minutter. Når timeren har stoppet, fjern posen og eksponer torskebittene. Serverer.

Glaserte babygulrøtter

Tilberedning + koketid: 3 timer 10 minutter | Porsjoner: 4

Ingredienser:

1 kopp babygulrøtter

4 ss brunt sukker

1 kopp hakket sjalottløk

1 ss smør

Salt og sort pepper etter smak

1 spiseskje dill

Rute:

Forbered et vannbad og plasser Sous Vide i den. Sett til 165F. Legg alle ingrediensene i en vakuumforseglbar pose. Rist for å belegge. Slipp ut luften ved hjelp av vannfortrengningsmetoden, forsegl og dypp ned i et vannbad. Still inn timeren på 3 timer. Når timeren har stoppet, fjern posen. Serveres varm.

Varme kyllingvinger

Tilberedning + koketid: 4 timer 15 minutter | Porsjoner: 4

Ingredienser:

2 kilo kyllingvinger
½ stang smør, smeltet
¼ kopp varm rød saus
½ teskje salt

Rute:

Forbered et vannbad og plasser Sous Vide i den. Sett til 170F. Krydre kyllingen med salt og legg i 2 vakuumforseglede poser. Slipp ut luften ved hjelp av vannfortrengningsmetoden, forsegl og senk ned i badekaret. Kok i 4 timer. Når du er ferdig, fjern posene. Pisk sausen og smøret. Kast vingene med blandingen.

Løk og baconmuffins

Tilberedning + koketid: 3 timer 45 minutter | Porsjoner: 5

Ingredienser:

1 løk, hakket

6 gram bacon, i terninger

1 kopp mel

4 ss smør, smeltet

1 egg

1 ts natron

1 spiseskje eddik

¼ teskje salt

Rute:

Forbered et vannbad og plasser Sous Vide i den. Sett til 196F.

I mellomtiden steker du baconet i en panne på middels varme til det er sprøtt. Ha over i en bolle og tilsett løken i baconfettet og stek i noen minutter til den er myk.

Ha over i en bolle og bland inn resten av ingrediensene. Fordel muffinsrøren i 5 små glass. Pass på at du ikke fyller den mer enn halvveis. Plasser glassene i vannbad og still timeren på 3 timer og 30 minutter. Når timeren har stoppet, fjern glassene og server.

Hvitvinsskjell

Tilberedning + koketid: 1 time 20 minutter | Porsjoner: 3

Ingredienser:

1 pund ferske muslinger
3 ss ekstra virgin olivenolje
1 kopp løk, hakket
¼ kopp frisk persille, finhakket
3 ss fersk timian, finhakket
1 ss sitronskall
1 kopp tørr hvitvin

Rute:

Varm oljen i en middels stor panne. Tilsett løken og stek til den er gjennomsiktig. Tilsett sitronskall, persille og timian. Bland godt og overfør til en vakuumforseglbar pose. Tilsett muslinger og en kopp tørr hvitvin. Forsegl posen og kok i Sous Vide i 40 minutter ved 104F.

Tamari maiskolber

Tilberedning + koketid: 3 timer 15 minutter | Porsjoner: 8

Ingredienser:

1 pund maiskolber
1 ss smør
¼ kopp tamarisaus
2 ss misopasta
1 teskje salt

Rute:

Forbered et vannbad og plasser Sous Vide i den. Sett til 185F.

Bland sammen tamari, smør, miso og salt. Legg maisen i en plastpose og hell blandingen over. Rist for å belegge. Slipp ut luften ved hjelp av vannfortrengningsmetoden, forsegl og senk posen i et vannbad. Still inn timeren på 3 timer. Når timeren har stoppet, fjern posen. Serveres varm.

Kamskjell med bacon

Tilberedning + koketid: 50 minutter | Porsjoner: 6

Ingredienser:

10 oz kamskjell
3 gram bacon, i skiver
½ løk, revet
½ ts hvit pepper
1 ss olivenolje

Rute:

Forbered et vannbad og plasser Sous Vide i den. Sett til 140F.

Dryss toppen av kamskjellene med revet løk og pakk dem inn med baconskiver. Dryss over hvit pepper og drypp over olje. Legg i en plastpose. Slipp ut luften ved hjelp av vannfortrengningsmetoden, forsegl og senk posen i et vannbad. Still inn timeren på 35 minutter. Når timeren har stoppet, fjern posen. Serverer.

Reker forrett

Tilberedning + koketid: 75 minutter | Porsjoner: 8

Ingredienser:

1 pund reker

3 ss sesamolje

3 ss sitronsaft

½ kopp persille

Salt og hvit pepper etter smak

Rute:

Forbered et vannbad og plasser Sous Vide i den. Sett til 140F.

Legg alle ingrediensene i en vakuumforseglbar pose. Rist for å belegge rekene godt. Slipp ut luften ved hjelp av vannfortrengningsmetoden, forsegl og senk posen i et vannbad. Still inn timeren på 1 time. Når timeren har stoppet, fjern posen. Serveres varm.

Kyllingleverpålegg

Tilberedning + koketid: 5 timer 15 minutter | Porsjoner: 8

Ingredienser:

1 kilo kyllinglever

6 egg

8 gram bacon, hakket

2 ss soyasaus

3 gram sjalottløk, hakket

3 ss eddik

Salt og sort pepper etter smak

4 ss smør

½ ts paprika

Rute:

Forbered et vannbad og plasser Sous Vide i den. Sett til 156F.

Stek baconet i en panne på middels varme, tilsett sjalottløken og stek i 3 minutter. Rør inn soyasaus og eddik. Ha i en blender med de andre ingrediensene. Bland til glatt. Legg alle ingrediensene i en mason krukke og forsegl. Kok i 5 timer. Når timeren har stoppet, fjern glasset og server.

Ingefær squash grønnsaker

Tilberedning + koketid: 70 minutter | Porsjoner: 8

Ingredienser:

14 gram butternut squash

1 ss revet ingefær

1 ts smør, smeltet

1 ts sitronsaft

Salt og sort pepper etter smak

¼ ts gurkemeie

Rute:

Forbered et vannbad og plasser Sous Vide i den. Sett til 185F.

Skrell gresskaret og skjær det i skiver. Legg alle ingrediensene i en vakuumforseglbar pose. Rist for å belegge godt. Slipp ut luften ved hjelp av vannfortrengningsmetoden, forsegl og senk posen i et vannbad. Still inn timeren på 55 minutter. Når timeren har stoppet, fjern posen. Serveres varm.

Hummerhaler

Tilberedning + koketid: 50 minutter | Porsjoner: 6

Ingredienser:

1 kilo hummerhale, avskallet

½ sitron

½ ts hvitløkspulver

¼ teskje løkpulver

1 ss rosmarin

1 ts olivenolje

Rute:

Forbered et vannbad og plasser Sous Vide i den. Sett til 140F.

Krydre hummeren med hvitløk og løkpulver. Legg i en vakuumforseglbar pose. Tilsett resten av ingrediensene og rist for å dekke. Slipp ut luften ved hjelp av vannfortrengningsmetoden, forsegl og senk posen i et vannbad. Still inn timeren på 40 minutter. Når timeren har stoppet, fjern posen. Serveres varm.

BBQ Tofu

Tilberedning + koketid: 2 timer 15 minutter | Porsjoner: 8

Ingredienser:

15 gram tofu

3 ss grillsaus

2 ss tamarisaus

1 ts løkpulver

1 teskje salt

Rute:

Forbered et vannbad og plasser Sous Vide i den. Sett til 180F.

Skjær tofuen i terninger. Legg i en plastpose. Slipp ut luften ved hjelp av vannfortrengningsmetoden, forsegl og senk posen i et vannbad. Still inn timeren på 2 timer.

Når timeren har stoppet, fjern posen og overfør den til en bolle. Tilsett resten av ingrediensene og bland.

Deilig arme riddere

Tilberedning + koketid: 100 minutter | Porsjoner: 2

Ingredienser:

2 egg

4 brødskiver

½ kopp melk

½ teskje kanel

1 ss smør, smeltet

Rute:

Forbered et vannbad og plasser Sous Vide i den. Sett til 150F.

Bland egg, melk, smør og kanel. Legg brødskivene i en vakuumforseglbar pose og hell eggeblandingen over dem. Rist for å belegge godt. Slipp ut luften ved hjelp av vannfortrengningsmetoden, forsegl og senk posen i et vannbad. Still inn timeren på 1 time og 25 minutter. Når timeren har stoppet, fjern posen. Serveres varm.

Søt og krydret and

Tilberedning + koketid: 70 minutter | Porsjoner: 4

Ingredienser:

1 kilo andebryst

1 ts timian

1 ts oregano

2 ss honning

½ ts chilipulver

½ ts paprika

1 ts hvitløkssalt

1 ss sesamolje

Rute:

Forbered et vannbad og plasser Sous Vide i den. Sett til 158F.

Bland honning, olje, krydder og urter. Pensle anda med blandingen og legg i en vakuumforseglbar pose. Slipp ut luften ved hjelp av vannfortrengningsmetoden, forsegl og senk posen i et vannbad. Still inn timeren på 60 minutter.

Når timeren har stoppet, fjern posen og skjær andebrystet i skiver. Serveres varm.

Sous Vide syltet rabarbra

Tilberedning + koketid: 40 minutter | Porsjoner: 8

Ingredienser:

2 kilo rabarbra, i skiver

7 ss eplecidereddik

1 ss brunt sukker

¼ stangselleri, finhakket

¼ teskje salt

Rute:

Forbered et vannbad og plasser Sous Vide i den. Sett til 180F. Legg alle ingrediensene i en vakuumforseglbar pose. Rist for å belegge godt. Slipp ut luften ved hjelp av vannfortrengningsmetoden, forsegl og senk posen i et vannbad. Kok i 25 minutter. Når timeren har stoppet, fjern posen. Serveres varm.

Kalkun kjøttboller

Tilberedning + koketid: 2 timer 10 minutter | Porsjoner: 4

Ingredienser:

12 oz malt kalkun

2 ts tomatsaus

1 egg

1 ts koriander

1 ss smør

Salt og sort pepper etter smak

1 ss brødsmuler

½ ts timian

Rute:

Forbered et vannbad og plasser Sous Vide i den. Sett til 142F.

Bland alle ingrediensene i en bolle. Form blandingen til kjøttboller. Legg i en vakuumforseglbar pose. Slipp ut luften ved hjelp av vannfortrengningsmetoden, forsegl og senk posen i et vannbad. Still inn timeren på 2 timer. Når timeren har stoppet, fjern posen. Serveres varm.

Søte lår med soltørkede tomater

Tilberedning + koketid: 75 minutter | Porsjoner: 7)

Ingredienser:

2 kilo kyllinglår

3 gram soltørkede tomater, i terninger

1 gul løk, finhakket

1 ts rosmarin

1 spiseskje sukker

2 ss olivenolje

1 egg, pisket

Rute:

Forbered et vannbad og plasser Sous Vide i den. Sett til 149F.

Kombiner alle ingrediensene i en vakuumforseglbar pose og rist for å belegge godt. Slipp ut luften ved hjelp av vannfortrengningsmetoden, forsegl og senk posen i et vannbad. Still inn timeren på 63 minutter. Når timeren har stoppet, fjern posen og server etter ønske.

Adobo kylling

Tilberedning + koketid: 4 timer 25 minutter | Porsjoner: 6

Ingredienser:

2 kilo kyllinglår
3 ss pepper
1 kopp kyllingkraft
½ kopp soyasaus
2 ss eddik
1 spiseskje hvitløkspulver

Rute:

Forbered et vannbad og plasser Sous Vide i den. Sett til 155F.

Legg kyllingen, soyasausen og hvitløkspulveret i en vakuumlukkbar pose. Slipp ut luften ved hjelp av vannfortrengningsmetoden, forsegl og senk posen i et vannbad. Still inn timeren på 4 timer. Når timeren har stoppet, fjern posen og legg den i en panne. Tilsett resten av ingrediensene. Kok i ytterligere 15 minutter.

"Eat-me" fruktig Chorizo

Tilberedning + koketid: 75 minutter | Porsjoner: 4

Ingredienser

2½ kopper hvite druer uten frø, stilker fjernet

1 ss frisk rosmarin, hakket

2 ss smør

4 chorizo pølser

2 ss balsamicoeddik

Salt og sort pepper etter smak

Ruter

Forbered et vannbad og plasser Sous Vide i den. Sett til 165F. Legg smør, hvite druer, rosmarin og chorizo i en vakuumforseglbar pose. Riste godt. Slipp ut luften ved å bruke vannfortrengningsmetoden, forsegl og senk posen i vannbadet. Kok i 60 minutter.

Når timeren har stoppet, overfør chorizoblandingen til en tallerken. Hell kokevæsken med druene og balsamicoeddiken i en varm panne. Rør i 3 minutter. Topp med chorizo druesaus.

Kylling og sopp i Marsala saus

Tilberedning + koketid: 2 timer 25 minutter | Porsjoner: 2

Ingredienser:

2 ben- og skinnfrie kyllingbryst

1 kopp Marsala vin

1 kopp kyllingbuljong

14 gram sopp, i skiver

½ spiseskje mel

1 ss smør

Salt og sort pepper etter smak

2 fedd hvitløk, finhakket

1 sjalottløk, finhakket

Rute:

Forbered et vannbad og plasser Sous Vide i den. Sett til 140F. Krydre kyllingen med salt og pepper og legg i en vakuumlukkbar pose med soppen. Slipp ut luften ved hjelp av vannfortrengningsmetoden, forsegl den og dypp den i et vannbad. Kok i 2 timer.

Når timeren har stoppet, fjern posen. Smelt smøret i en panne på middels varme, rør inn melet og de andre ingrediensene. Kok til sausen tykner. Tilsett kyllingen og stek i 1 minutt.

Vanilje aprikos med whisky

Tilberedning + koketid: 45 minutter | Porsjoner: 4

Ingredienser

2 aprikoser, uthulet og delt i kvarte

½ kopp rugwhisky

½ kopp ultrafint sukker

1 ts vaniljeekstrakt

Salt etter smak

Ruter

Forbered et vannbad og plasser Sous Vide i den. Sett til 182F. Legg alle ingrediensene i en vakuumforseglbar pose. Slipp ut luften ved hjelp av vannfortrengningsmetoden, forsegl den og dypp den i et vannbad. Kok i 30 minutter. Etter at timeren har stoppet, fjern posen og overfør den til isbadet.

Enkel krydret hummus

Tilberedning + koketid: 3 timer 35 minutter | Porsjoner: 6

Ingredienser

1½ kopper tørkede kikerter, bløtlagt over natten

2 liter vann

¼ kopp sitronsaft

¼ kopp tahinipasta

2 fedd hvitløk, finhakket

2 ss olivenolje

½ ts spisskummen frø

½ teskje salt

1 ts kajennepepper

Ruter

Forbered et vannbad og plasser Sous Vide i den. Sett til 196F.

Sil kikertene og legg dem i en vakuumlukkbar pose med 1 liter vann. Slipp ut luften ved å bruke vannfortrengningsmetoden, forsegl og senk posen i vannbadet. Kok i 3 timer. Når timeren har stoppet, fjern posen, overfør den til et isvannbad og la den avkjøles.

I en blender blander du sitronsaften og tahinipastaen i 90 sekunder. Tilsett hvitløk, olivenolje, spisskummen og salt, bland i 30 sekunder til en jevn masse. Ta ut kikertene og la dem renne av. For jevnere hummus, skrell kikertene.

Kombiner halvparten av kikertene med tahiniblandingen i en foodprosessor og kjør i 90 sekunder. Tilsett de resterende kikertene og bland til en jevn masse. Overfør blandingen til en tallerken og pynt med kajennepepper og de reserverte kikertene.

Kaffir Lime trommeslagere

Tilberedning + koketid: 80 minutter | Porsjoner: 7)

Ingredienser:

16 oz kyllinglår

2 ss korianderblader

1 ts tørket mynte

1 ts timian

Salt og hvit pepper etter smak

1 ss olivenolje

1 ss hakkede kaffirlimeblader

Rute:

Forbered et vannbad og plasser Sous Vide i den. Sett til 153F. Legg alle ingrediensene i en vakuumforseglbar pose. Masser for å belegge kyllingen godt. Slipp ut luften ved hjelp av vannfortrengningsmetoden, forsegl og senk posen i et vannbad. Still inn timeren på 70 minutter. Når du er ferdig, fjern posen. Serveres varm.

Melk potetmos med rosmarin

Tilberedning + koketid: 1 time 45 minutter | Porsjoner: 4

Ingredienser

2 kilo røde poteter

5 fedd hvitløk

8 oz smør

1 kopp helmelk

3 kvister rosmarin

Salt og hvit pepper etter smak

Ruter

Forbered et vannbad og plasser Sous Vide i den. Sett til 193F. Vask, skrell og del potetene. Ta ut hvitløken, skrell den og knus den. Bland poteter, hvitløk, smør, 2 ss salt og rosmarin. Legg i en vakuumforseglbar pose. Slipp ut luften ved å bruke vannfortrengningsmetoden, forsegl og senk posen i vannbadet. Kok i 1 time og 30 minutter.

Etter at timeren har stoppet, tar du posen ut og overfører dem til en bolle og moser dem. Bland pisket smør og melk. Tilsett salt og pepper. Fordel rosmarin på toppen og server.

Søt tofu kebab med grønnsaker

Tilberedning + koketid: 65 minutter | Porsjoner: 8)

Ingredienser

1 zucchini, i skiver

1 aubergine, i skiver

1 gul paprika, hakket

1 rød paprika, hakket

1 grønn paprika, hakket

16 gram tofuost

¼ kopp olivenolje

1 ts honning

Salt og sort pepper etter smak

Ruter

Forbered et vannbad og plasser Sous Vide i den. Sett til 186F.

Legg zucchini og aubergine i en vakuumforseglbar pose. Legg paprikabitene i en vakuumforseglbar pose. Bruk vannfortrengningsmetoden, slipp ut luften, forsegl og senk posene ned i vannbadet. Kok i 45 minutter. Etter 10 minutter, varm en panne på middels varme.

Tøm tofuen og tørk. Skjær i terninger. Pensle med olivenolje og ha i pannen og stek til de er gyldenbrune på begge sider. Ha over i en bolle, hell i honning og dekk til. La det avkjøles. Når timeren har stoppet, fjern posene og overfør alt innholdet til en bolle. Tilsett salt og pepper. Kast kokevæsken. Legg grønnsakene og tofuen vekselvis i kebaben.

Dijon kyllingfilet

Tilberedning + koketid: 65 minutter | Porsjoner: 4

Ingredienser:

1 kilo kyllingfilet

3 ss dijonsennep

2 løk, revet

2 ss maisstivelse

½ kopp melk

1 ss sitronskall

1 ts timian

1 ts oregano

Hvitløksalt og sort pepper etter smak

1 ss olivenolje

Rute:

Forbered et vannbad og plasser Sous Vide i den. Sett til 146F. Bland alle ingrediensene sammen og legg i en vakuumforseglbar pose. Slipp ut luften ved hjelp av vannfortrengningsmetoden, forsegl og senk posen i et vannbad. Still inn timeren på 45 minutter. Når timeren har stoppet, fjern posen og overfør til en panne og kok på middels varme i 10 minutter.

Paprika fylt med gulrøtter og valnøtter

Tilberedning + koketid: 2 timer 35 minutter | Porsjoner: 5

Ingredienser

4 sjalottløk, finhakket

4 gulrøtter, finhakket

4 fedd hvitløk, hakket

1 kopp rå cashewnøtter, bløtlagt og drenert

1 kopp pekannøtter, bløtlagt og drenert

1 ss balsamicoeddik

1 ss soyasaus

1 ss malt spisskummen

2 ts paprika

1 ts hvitløkspulver

1 klype cayennepepper

4 kvister fersk timian

Skal av 1 sitron

4 paprika, skjær av toppen og fjern frøene

Ruter

Forbered et vannbad og plasser Sous Vide i den. Sett til 186F.

Bland gulrøtter, hvitløk, sjalottløk, cashewnøtter, pekannøtter, balsamicoeddik, soyasaus, spisskummen, paprika, hvitløkspulver, cayenne, timian og sitronskall i en blender. Bland grovt.

Hell blandingen i skallet på paprikaen og legg i en vakuumforseglbar pose. Slipp ut luften ved å bruke vannfortrengningsmetoden, forsegl og senk posen i vannbadet. Kok i 1 time og 15 minutter. Når timeren har stoppet, fjerner du paprikaene og legger dem på en tallerken.

Appelsinand med paprika og timian

Tilberedning + koketid: 15 timer 10 minutter | Porsjoner: 4

Ingredienser:

16 oz andeben

1 ts appelsinskall

2 ss kaffirblad

1 teskje salt

1 ts sukker

1 ss appelsinjuice

2 ts sesamolje

½ ts paprika

½ ts timian

Rute:

Forbered et vannbad og plasser Sous Vide i den. Sett til 160F. Legg alle ingrediensene i en vakuumforseglbar pose. Massasje kan godt kombineres. Slipp ut luften ved hjelp av vannfortrengningsmetoden, forsegl og senk posen i et vannbad. Still inn tidtakeren til 15.00.

Når timeren har stoppet, fjern posen. Serveres varm.

Kalkunlegg pakket inn i bacon

Tilberedning + koketid: 6 timer 15 minutter | Porsjoner: 5

Ingredienser:

14 oz kalkunben

5 gram bacon, i skiver

½ ts chiliflak

2 ts olivenolje

1 ss rømme

½ teskje oregano

½ ts paprika

¼ sitron, i skiver

Rute:

Forbered et vannbad og plasser Sous Vide i den. Sett til 160F.

Bland urter og krydder med rømme i en bolle, og fordel den over kalkunen. Pakk den inn i bacon og strø over olivenolje. Legg den i en vakuumforseglbar pose sammen med sitron. Slipp ut luften ved hjelp av vannfortrengningsmetoden, forsegl og senk posen i et vannbad. Still inn timeren på 6 timer. Når timeren har stoppet, fjern posen og skjær den. Serveres varm.

Asparges blandes med estragon

Tilberedning + koketid: 25 minutter | Porsjoner: 3

Ingredienser:

1 ½ lb middels asparges

5 ss smør

2 ss sitronsaft

½ ts sitronskall

1 ss gressløk, i skiver

1 ss persille, hakket

1 ss + 1 ss fersk dill, hakket

1 ss + 1 ss estragon, hakket

Rute:

Forbered et vannbad, sett inn Sous Vide og sett til 183F. Kutt av og kast den tette bunnen av aspargesen. Legg aspargesen i en vakuumforseglbar pose.

Slipp ut luften ved å bruke vannfortrengningsmetoden, forsegl og senk ned i et vannbad, og still inn timeren på 10 minutter.

Når timeren har stoppet, fjern posen og forsegl den. Sett en panne på lav varme, tilsett smøret og den dampede aspargesen. Smak til med salt og pepper og rør hele tiden. Tilsett sitronsaft og -skall og kok i 2 minutter.

Slå av varmen og tilsett persille, 1 ss dill og 1 ss estragon. Kast jevnt. Pynt med resten av dill og estragon. Serveres varm som tilbehør.

Krydret blomkålsteker

Tilberedning + koketid: 35 minutter | Porsjoner: 5

Ingredienser:

1 kilo blomkål i skiver

1 spiseskje gurkemeie

1 ts chilipulver

½ ts hvitløkspulver

1 ts sriracha

1 ss chipotle

1 ss er tungt

2 ss smør

Rute:

Forbered et vannbad og plasser Sous Vide i den. Sett til 185F.

Bland alle ingrediensene bortsett fra blomkålen. Pensle blomkålbiffene med blandingen. Legg dem i en vakuumforseglbar pose. Slipp ut luften ved hjelp av vannfortrengningsmetoden, forsegl og senk posen i et vannbad. Still inn timeren på 18 minutter.

Når timeren har stoppet, fjern posen, forvarm grillen og stek biffene i ett minutt på hver side.

Cayennepotetstrimler med mayodressing

Tilberedning + koketid: 1 time 50 minutter | Porsjoner: 6

Ingredienser

2 store gyldne poteter kuttet i strimler

Salt og sort pepper etter smak

1½ ss olivenolje

1 ts timian

1 ts paprika

½ ts kajennepepper

1 eggeplomme

2 ss eplecidereddik

¾ kopp vegetabilsk olje

Salt og sort pepper etter smak

Ruter

Forbered et vannbad og plasser Sous Vide i den. Sett til 186F. Legg potetene i en vakuumforseglbar pose med en klype salt. Slipp ut luften ved hjelp av vannfortrengningsmetoden, forsegl den og dypp den i et vannbad. Kok i 1 time og 30 minutter.

Når timeren har stoppet, fjern potetene og tørk dem med et kjøkkenhåndkle. Kast kokevæsken. Varm olje i en panne på middels varme. Tilsett potetene og dryss over paprika, cayenne, timian, sort pepper og det resterende saltet. Rør i 7 minutter til alle sider av potetene er gyldenbrune.

Lage majonesen: bland eggeplommen og halvparten av eddiken godt. Tilsett sakte vegetabilsk olje, bland til jevn. Tilsett den resterende eddiken. Smak til med salt og pepper og bland godt. Server med stekte poteter.

Smøraktig og søt and

Tilberedning + koketid: 7 timer 10 minutter | Porsjoner: 7)

Ingredienser:

2 kilo andevinger

2 ss sukker

3 ss smør

1 ss lønnesirup

1 ts sort pepper

1 teskje salt

1 ss tomatpuré

Rute:

Forbered et vannbad og plasser Sous Vide i den. Sett til 175F.

Bland ingrediensene i en bolle, belegg vingene med blandingen. Legg vingene i en vakuumforseglbar pose og hell resten av blandingen over dem. Slipp ut luften ved hjelp av vannfortrengningsmetoden, forsegl og senk posen i et vannbad. Still inn timeren på 7 timer. Når timeren har stoppet, fjern posen og skjær den. Serveres varm.

Smøraktig syltetøy

Tilberedning + koketid: 1 time 10 minutter | Porsjoner: 4

Ingredienser

1 kilo yams, i skiver
8 ss smør
½ kopp tung krem
Salt etter smak

Ruter

Forbered et vannbad og plasser Sous Vide i den. Sett til 186F. Bland sammen tung fløte, yams, kosher salt og smør. Legg i en vakuumforseglbar pose. Slipp ut luften ved å bruke vannfortrengningsmetoden, forsegl og senk posen i vannbadet. Kok i 60 minutter.

Når timeren har stoppet, fjern posen og hell innholdet i en bolle. Bland godt med en foodprosessor og server.

Spinat og sopp quiche

Tilberedning + koketid: 20 minutter | Porsjoner: 2

Ingredienser:

1 kopp fersk Cremini-sopp, i skiver
1 kopp frisk spinat, hakket
2 store egg, pisket
2 ss helmelk
1 fedd hvitløk, hakket
¼ kopp parmesanost, revet
1 ss smør
½ teskje salt

Rute:

Vask soppen under kaldt rennende vann og skjær den i tynne skiver. Legger du det til side, ignorerer du det. Vask spinaten grundig og finhakk den.

Legg sopp, spinat, melk, hvitløk og salt i en stor, vakuumlukkbar pose. Lukk posen og kok i sous vide i 10 minutter ved 180F.

I mellomtiden smelter du smøret i en stor panne på middels varme. Ta grønnsaksblandingen ut av posen og legg den i en panne. Kok i 1 minutt, og tilsett deretter det sammenpiskede egget. Rør godt til det er innlemmet og kok til egget stivner. Dryss over revet ost og ta av varmen og server.

Meksikansk smør mais

Tilberedning + koketid: 40 minutter | Porsjoner: 2

Ingredienser

2 mais aks, skrelt

2 ss kaldt smør

Salt og sort pepper etter smak

¼ kopp majones

½ ss chilipulver i meksikansk stil

½ ts revet limeskall

¼ kopp smuldret fetaost

¼ kopp hakket fersk koriander

Limebåter til servering

Ruter

Forbered et vannbad og plasser Sous Vide i den. Sett til 183F.

Legg maiskolber og smør i en vakuumforseglbar pose. Tilsett salt og pepper. Slipp ut luften ved å bruke vannfortrengningsmetoden, forsegl og senk posen i vannbadet. Kok i 30 minutter.

Når timeren har stoppet, fjern maisen. Ha majones, limeskall og chilipulver i en liten pose. Riste godt. Legg fetaosten på en tallerken. Dekk aksene med 1 ss majonesblanding og rull dem over osten. Pynt med salt. Serverer.

Osteaktig pære med valnøtter

Tilberedning + koketid: 55 minutter | Porsjoner: 2

Ingredienser

1 pære, i skiver

1 pund honning

½ kopp valnøtter

4 ss revet Grana Padano ost

2 kopper rakettblader

Salt og sort pepper etter smak

2 ss sitronsaft

2 ss olivenolje

Ruter

Forbered et vannbad og plasser Sous Vide i den. Sett til 158F. Bland honning og pærer. Legg i en vakuumforseglbar pose. Slipp ut luften ved å bruke vannfortrengningsmetoden, forsegl og senk posen i vannbadet. Kok i 45 minutter. Når timeren har stoppet, fjern posen og overfør den til en bolle. Topp med dressing.

Brokkoli og blåmuggostmos

Tilberedning + koketid: 1 time 40 minutter | Porsjoner: 6

Ingredienser

1 hode brokkoli skåret i buketter

3 ss smør

Salt og sort pepper etter smak

1 ss persille

5 dkg blåmuggost, smuldret

Ruter

Forbered et vannbad og plasser Sous Vide i den. Sett til 186F.

Legg brokkoli, smør, salt, persille og sort pepper i en vakuumforseglingspose. Slipp ut luften ved å bruke vannfortrengningsmetoden, forsegl og senk posen i vannbadet. Kok i 1 time og 30 minutter.

Når timeren har stoppet, fjern posen og overfør til en blender. Tilsett osten og bland på høy hastighet i 3-4 minutter til den er jevn. Serverer.

Curry zucchini

Tilberedning + koketid: 40 minutter | Porsjoner: 3

Ingredienser:

3 små zucchini i terninger
2 ts karripulver
1 ss olivenolje
Salt og sort pepper etter smak
¼ kopp koriander

Rute:

Forbered et vannbad, sett inn Sous Vide og sett til 185F. Legg zucchinien i en vakuumforseglbar pose. Slipp ut luften ved å bruke vannfortrengningsmetoden, forsegl og senk posen i vannbadet. Kok i 20 minutter. Når timeren har stoppet, fjern og forsegl posen. Sett en stekepanne på middels, tilsett olivenolje. Når den er oppvarmet, tilsett zucchinien og de andre ingrediensene som er oppført. Tilsett salt og stek i 5 minutter. Server som tilbehør.

Søtpoteter med valnøtter

Tilberedning + koketid: 3 timer 45 minutter | Porsjoner: 2

Ingredienser

1 kilo søtpoteter i skiver

Salt etter smak

¼ kopp valnøtter

1 ss kokosolje

Ruter

Forbered et vannbad og plasser Sous Vide i den. Sett til 146F. Legg potetene og saltet i en vakuumforseglbar pose. Slipp ut luften ved å bruke vannfortrengningsmetoden, forsegl og senk posen i vannbadet. Kok i 3 timer. Varm opp en panne på middels varme og rist valnøttene. Kutt dem opp.

Forvarm ovnen til 375 F og kle en stekeplate med bakepapir. Når timeren har stoppet, fjerner du potetene og overfører dem til bakeplaten. Dryss over kokosolje og stek i 20-30 minutter. Rull den en gang. Server drysset med ristede valnøtter.

Krydret syltede rødbeter

Tilberedning + koketid: 50 minutter | Porsjoner: 4

Ingredienser

12 oz rødbeter, i skiver

½ jalapenopepper

1 fedd hvitløk i terninger

2/3 kopp hvit eddik

2/3 kopp vann

2 ss marinade

Ruter

Forbered et vannbad og plasser Sous Vide i den. Sett til 192F. Kombiner jalapeñopepper, rødbeter og hvitløksfedd i 5 murglass.

Varm opp en panne og kok opp marinade, vann og hvit eddik. Hell av og hell over beteblandingen i glassene. Forsegl og dypp glassene i vannbadet. Kok i 40 minutter. Når timeren har stoppet, fjern glassene og la dem avkjøles. Serverer.

Krydret smør mais

Tilberedning + koketid: 35 minutter | Porsjoner: 5

Ingredienser

5 ss smør

5 aks av gul mais, skrelt

1 ss fersk persille

½ ts kajennepepper

Salt etter smak

Ruter

Forbered et vannbad og plasser Sous Vide i den. Sett til 186F.

Plasser 3 kornaks i hver vakuumforseglingspose. Bruk vannfortrengningsmetoden, slipp ut luften, forsegl og senk posene ned i vannbadet. Kok i 30 minutter. Når timeren har stoppet tar du maisen ut av posen og overfører den til en tallerken. Pynt med kajennepepper og persille.

Paprika og rosmarinpoteter

Tilberedning + koketid: 55 minutter | Porsjoner: 4

Ingredienser

8 oz grøtaktige poteter

Salt og sort pepper etter smak

1 ss smør

1 kvist rosmarin

1 ts paprika

Ruter

Forbered et vannbad og plasser Sous Vide i den. Sett til 178F.

Bland potetene med salt, paprika og pepper. Legg dem i en vakuumforseglbar pose. Slipp ut luften ved å bruke vannfortrengningsmetoden, forsegl og senk posen i vannbadet. Kok i 45 minutter.

Når timeren har stoppet, fjern potetene og del dem i to. Varm smøret i en panne på middels varme og rør inn rosmarin og poteter. Kok i 3 minutter. Server på en tallerken. Pynt med salt.

Glasert gresskarbrød

Tilberedning + koketid: 3 timer 40 minutter | Porsjoner: 4

Ingredienser:

1 egg, pisket

6 ss hermetisert gresskarpuré

6 gram mel

1 ts bakepulver

1 ts kanel

¼ ts muskatnøtt

1 spiseskje sukker

¼ teskje salt

Rute:

Forbered et vannbad og plasser Sous Vide i den. Sett til 195F.

Sikt melet sammen med bakepulver, salt, kanel og muskat i en bolle. Bland inn sammenpisket egg, sukker og gresskarpuré. Bland for å lage en deig.

Fordel deigen mellom to murglass og forsegl. Legg i vannbad og kok i 3 timer og 30 minutter. Når tiden er ute, fjern glassene og la dem avkjøles før servering.

Purre og hvitløk egg

Tilberedning + koketid: 35 minutter | Porsjoner: 2

Ingredienser:

2 kopper fersk purre, kuttet i passe store biter
5 hele fedd hvitløk
1 ss smør
2 ss ekstra virgin olivenolje
4 store egg
1 teskje salt

Rute:

Bland egg, smør og salt. Overfør til en vakuumforseglbar pose og kok i Sous Vide i ti minutter ved 165F. Overfør forsiktig til en tallerken. Varm oljen i en stor stekepanne på middels varme. Tilsett hvitløk og hakket purre. Stek i ti minutter. Ta av varmen og bruk til toppen av eggene.

Kremet artisjokkdip

Tilberedning + koketid: 1 time 45 minutter | Porsjoner: 6

Ingredienser:

2 ss smør

2 løk, delt i kvarte

3 fedd hvitløk, hakket

15 oz artisjokkhjerter, hakket

18 oz frossen spinat, tint

5 oz grønn chili

3 ss majones

3 ss pisket krem

Rute:

Forbered et vannbad, plasser Sous Vide i den, og varm opp til 181F. Del løk, hvitløk, artisjokkhjerter, spinat og grønn pepper i 2 vakuumlukkbare poser. Bruk vannfortrengningsmetoden, slipp ut luften, forsegl og senk posene ned i vannbadet. Still inn timeren på 30 minutter for å lage mat.

Når timeren har stoppet, fjern og forsegl posene. Puré ingrediensene med en blender. Sett en panne på middels varme og tilsett smør. Tilsett grønnsakspuré, sitronsaft, majones og kremost. Tilsett salt og pepper. Bland og kok i 3 minutter. Serveres varm med grønnsaksstrimler.

Reddikostdip

Tilberedning + koketid: 1 time 15 minutter | Porsjoner: 4

Ingredienser:

30 små reddiker, fjerner grønne blader
1 ss Chardonnay eddik
Sukker etter smak
1 kopp vann til damping
1 ss druekjerneolje
12 oz kremost

Rute:

Forbered et vannbad, sett inn Sous Vide og sett til 183F. Legg reddikene, salt, pepper, vann, sukker og eddik i en vakuumforseglbar pose. Slipp luften fra posen, forsegl den og senk den ned i vannbadet. Kok i 1 time. Når timeren har stoppet, fjern posen, åpne den og legg reddikene i en blender med litt dampende vann. Tilsett kremost og puré til den er jevn. Serverer.

Selleridip

Tilberedning + koketid: 50 minutter | Porsjoner: 3

Ingredienser:

½ lb sellerirot, i skiver

1 kopp tung krem

3 ss smør

1 ss sitronsaft

Salt etter smak

Rute:

Forbered et vannbad, sett inn Sous Vide og sett til 183F. Legg selleri, fløte, sitronsaft, smør og salt i en vakuumpose. Slipp luften fra posen, forsegl den og senk den ned i badekaret. Kok i 40 minutter. Når timeren har stoppet, fjern og forsegl posen. Puré ingrediensene med en blender. Serverer.

Krydret BBQ-saus

Tilberedning + koketid: 1 time 15 minutter | Porsjoner: 10)

Ingredienser:

1 ½ pund små tomater

¼ kopp eplecidereddik

¼ teskje sukker

1 ss Worcestershire saus

½ ss flytende hickory røyk

2 ts røkt paprika

2 ts hvitløkspulver

1 ts løkpulver

Salt etter smak

½ ts chilipulver

½ ts kajennepepper

4 ss vann

Rute:

Forbered et vannbad, sett inn Sous Vide og sett til 185F.

Sorter tomatene i to vakuumlukkbare poser. Bruk vannfortrengningsmetoden, slipp ut luften, forsegl og senk posene ned i vannbadet. Still inn timeren på 40 minutter.

Når timeren har stoppet, fjern og forsegl posene. Ha tomatene i en blender og puré til de er jevne og tykke. Ikke tilsett vann.

Sett en kjele på middels varme, tilsett tomatpure og de andre ingrediensene. Kok i 20 minutter mens du rører kontinuerlig. En tykk konsistens bør oppnås.

Peri Peri saus

Tilberedning + koketid: 40 minutter | Porsjoner: 15

Ingredienser:

2 dkg rød chilipepper
4 fedd hvitløk, knust
2 ts røkt paprika
1 kopp korianderblader, hakket
½ kopp basilikumblader, hakket
1 kopp olivenolje
Saft av 2 sitroner

Rute:

Forbered et vannbad, sett inn Sous Vide og sett til 185F.

Legg paprikaene i en vakuumforseglbar pose. Slipp ut luften ved å bruke vannfortrengningsmetoden, forsegl og senk posen i vannbadet. Still inn timeren på 30 minutter.

Når timeren har stoppet, fjern og forsegl posen. Ha paprikaen og de andre ingrediensene oppført i en blender og puré til den er jevn.

Oppbevares i en lufttett beholder, avkjøl og bruk opptil 7 dager.

Ingefærsirup

Tilberedning + koketid: 1 time 10 minutter | Porsjoner: 10)

Ingredienser:

1 kopp ingefær, i tynne skiver
1 stor hvit løk, skrelt
2 ½ kopper vann
¼ kopp sukker

Rute:

Forbered et vannbad, sett inn Sous Vide og sett til 185F. Legg løken i en vakuumforseglbar pose. Slipp ut luften ved å bruke vannfortrengningsmetoden, forsegle og senk ned i vannbadet. Kok i 40 minutter.

Når timeren har stoppet, fjern og forsegl posen. Ha løken i en blender med 4 ss vann og puré til den er jevn. Sett en kjele på middels varme, tilsett løkpuréen og de andre oppførte ingrediensene. Kok i 15 minutter. Slå av varmen, avkjøl og sil gjennom en fin sil. Oppbevar i en krukke, avkjøl og bruk i opptil 14 dager. Bruk den som krydder til andre retter.

Kyllingkraft

Tilberedning + koketid: 12 timer 25 minutter | Porsjoner: 3

Ingredienser:

2 lb kylling, hvilken som helst del - lår, bryster
5 kopper vann
2 stenger selleri, hakket
2 hvitløk, finhakket

Rute:

Forbered et vannbad, sett inn Sous Vide og sett til 194F. Del alle ingrediensene i 2 vakuumposer, brett toppen av posene 2-3 ganger. Legg i vannbadet. Still inn timeren på 12 timer.

Når timeren har stoppet, fjern posene og overfør ingrediensene til en bolle. Kok ingrediensene over høy varme i 10 minutter. Slå av varmen og tøm. Vi bruker kraften som suppebunn.

Løk Pomodoro saus

Tilberedning + koketid: 30 minutter | Porsjoner: 4

Ingredienser

4 kopper tomater, halvert og frø
½ løk, hakket
½ teskje sukker
¼ kopp fersk oregano
2 fedd hvitløk, finhakket
Salt og sort pepper etter smak
5 ss olivenolje

Rute:

Forbered et vannbad og plasser Sous Vide i den. Sett til 175F. Legg tomater, oregano, hvitløk, løk og sukker i en vakuumlukkbar pose. Slipp ut luften ved å bruke vannfortrengningsmetoden, forsegl og senk posen i vannbadet. Kok i 15 minutter.

Når timeren har stoppet, fjern posen og overfør innholdet til en blender og kjør i 1 minutt til det er jevnt. Topp med sort pepper.

Pepperpuré

Tilberedning + koketid: 40 minutter | Porsjoner: 4

Ingredienser:

8 røde paprika, med frø

⅓ kopp olivenolje

2 ss sitronsaft

3 fedd hvitløk, knust

2 ts søt paprika

Rute:

Forbered et vannbad, sett inn Sous Vide og sett til 183F. Ha paprika, hvitløk og olivenolje i en vakuumpose. Bruk vannfortrengningsmetoden, slipp ut luften, forsegl og senk posene ned i vannbadet. Still inn timeren på 20 minutter og kok.

Når timeren har stoppet, fjern posen og forsegl den. Ha paprika og hvitløk i en blender og puré til den er jevn. Sett en panne på middels varme; tilsett paprikapastaen og de andre ingrediensene. Kok i 3 minutter. Serveres varm eller kald som dipp.

Jalapeno krydder

Tilberedning + koketid: 70 minutter | Porsjoner: 6

Ingredienser:

2 jalapenopepper
2 grønne chilipepper
2 fedd hvitløk, knust
1 løk, kun skrelt
3 ts oreganopulver
3 ts sort pepper pulver
2 ts rosmarinpulver
10 ts anispulver

Ruter

Forbered et vannbad, sett inn Sous Vide og sett til 185F. Legg paprika og løk i en vakuumforseglbar pose. Slipp ut luften ved å bruke vannfortrengningsmetoden, forsegl og senk posen i vannbadet. Still inn timeren på 40 minutter.

Når timeren har stoppet, fjern og forsegl posen. Ha pepper og løk i en blender med 2 ss vann og puré til det er jevnt.

Sett en kjele på lav varme, tilsett pepperpasta og de andre ingrediensene. La småkoke i 15 minutter. Slå av varmen og avkjøl. Oppbevar i en krydderkrukke, avkjøl og bruk opptil 7 dager. Bruk den som krydder.

Biffsuppe

Tilberedning + koketid: 13 timer 25 minutter | Porsjoner: 6

Ingredienser:

3 lb biff ben

1 ½ pund oksebein

½ lb kjøttdeig

5 kopper tomatpuré

6 søte løk

3 hvitløkshoder

6 ss sort pepper

5 kvister timian

4 laurbærblader

10 kopper vann

Rute:

Forvarm ovnen til 425F. Legg biffbenene og biffbenene i en panne og gni dem med tomatpureen. Tilsett hvitløk og løk. Legger du det til side, ignorerer du det. Legg og smuldre kjøttdeigen i en annen panne. Sett pannene i ovnen og stek til de er mørkebrune.

Når du er klar, heller du av fettet fra bakeformene. Forbered et vannbad i en stor gryte, sett inn Sous Vide og sett til 195F. Skill kjøttdeig, stekte grønnsaker, sort pepper, timian og laurbærblad i 3 vakuumposer. Deglaser pannene med vann og legg i posene. Brett toppen av posene 2-3 ganger.

Plasser posene i vannbadet og fest dem til Sous Vide-beholderen. Still inn tidtakeren til kl. Når timeren har stoppet, fjern posene og overfør ingrediensene til en bolle. Kok opp ingrediensene på høy varme. Kok i 15 minutter. Slå av varmen og tøm. Vi bruker kraften som suppebunn.

Hvitløk basilikum rub

Tilberedning + koketid: 55 minutter | Porsjoner: 15

Ingredienser:

2 hvitløkshoder, knust
2 ts olivenolje
En klype salt
1 fennikelhode, hakket
i skallet og saften av 2 sitroner
¼ sukker
25 basilikumblader

Rute:

Forbered et vannbad, sett inn Sous Vide og sett til 185F. Legg fennikel og sukker i en vakuumforseglbar pose. Slipp ut luften ved å bruke vannfortrengningsmetoden, forsegl og senk posen i vannbadet. Still inn timeren på 40 minutter. Når timeren har stoppet, fjern og forsegl posen.

Ha fennikel, sukker og andre ingredienser oppført i en blender og puré til den er jevn. Oppbevares i en krydderbeholder og oppbevares i kjøleskap i opptil en uke.

Honning og løk balsamicodressing

Tilberedning + koketid: 1 time 55 minutter | Porsjoner: 1)

Ingredienser

3 søte løk, finhakket
1 ss smør
Salt og sort pepper etter smak
2 ss balsamicoeddik
1 spiseskje honning
2 ts friske timianblader

Ruter

Forbered et vannbad og plasser Sous Vide i den. Sett til 186F.

Varm en stekepanne over middels varme med smør. Tilsett løken, smak til med salt og pepper og stek i 10 minutter. Tilsett balsamicoeddik og kok i 1 minutt. Ta av varmen og hell i honningen.

Legg blandingen i en vakuumforseglbar pose. Slipp ut luften ved å bruke vannfortrengningsmetoden, forsegl og senk posen i vannbadet. Kok i 90 minutter. Når timeren har stoppet, fjern posen og overfør den til en tallerken. Pynt med fersk timian. Server med pizza eller smørbrød.

Tomatsaus

Tilberedning + koketid: 55 minutter | Porsjoner: 4

Ingredienser:

1 (16 oz.) boks tomater, knust
1 liten hvit løk, i terninger
1 kopp friske basilikumblader
1 ss olivenolje
1 fedd hvitløk, knust
Salt etter smak
1 laurbærblad
1 rød chili

Rute:

Forbered et vannbad, sett inn Sous Vide og sett til 185F. Legg alle ingrediensene oppført i en vakuumforseglbar pose. Slipp ut luften ved å bruke vannfortrengningsmetoden, forsegl og senk posen i vannbadet. Still inn timeren på 40 minutter. Når timeren har stoppet, fjern og forsegl posen. Kast laurbærbladet og overfør resten av ingrediensene til en blender og puré til den er jevn. Server som tilbehør.

Sjømat lager

Tilberedning + koketid: 10 timer 10 minutter | Porsjoner: 6

Ingredienser:

1 lb rekeskall med hode og hale på

3 kopper vann

1 ss olivenolje

2 ts salt

2 kvister rosmarin

½ hode hvitløk, knust

½ kopp bladselleri, hakket

Rute:

Forbered et vannbad, sett inn Sous Vide og sett til 180F. Kast rekene med olivenolje. Legg rekene sammen med de andre ingrediensene som er oppført i en vakuumforseglbar pose. Slipp ut luften, forsegl og senk posen i vannbadet og still inn timeren på 10 timer.

Fiske suppe

Tilberedning + koketid: 10 timer 15 minutter | Porsjoner: 4

Ingredienser:

5 kopper vann

½ lb fiskefilet, skinn på

1 kilo fiskehode

5 mellomstore grønne løk

3 søte løk

¼ lb svartalger (Kombu)

Rute:

Forbered et vannbad, sett inn Sous Vide og sett den til 194 F. Del alle de oppførte ingrediensene likt i 2 vakuumposer, brett toppen av posene 2 ganger. Legg dem i vannbadet og fest dem til Sous Vide-beholderen. Still inn timeren til klokken 10.

Når timeren har stoppet, fjern posene og overfør ingrediensene til en bolle. Kok ingrediensene over høy varme i 5 minutter. Sett den i kjøleskapet og den kan brukes i maks 14 dager.

Aspargesdressing med sennep

Tilberedning + koketid: 30 minutter | Porsjoner: 2

Ingredienser

1 haug store asparges

Salt og sort pepper etter smak

¼ kopp olivenolje

1 ts dijonsennep

1 ts dill

1 ts rødvinseddik

1 hardkokt egg, hakket

Frisk persille, hakket

Ruter

Forbered et vannbad og plasser Sous Vide i den. Sett til 186F.

Skjær av bunnen av aspargesen og kast.

Skrell bunnen av stilken og legg den i en vakuumforseglbar pose. Slipp ut luften ved å bruke vannfortrengningsmetoden, forsegl og senk posen i vannbadet. Kok i 15 minutter.

Når timeren har stoppet, fjern posen og overfør den til et isbad. Skill kokesaftene. For vinaigretten, kombinere olivenolje, eddik og sennep i en bolle; Bland godt. Smak til med salt og legg i en murboks. Forsegl og rist godt. Legg persille, egg og vinaigrette på toppen.

Plantebestand

Tilberedning + koketid: 12 timer 35 minutter | Porsjoner: 10)

Ingredienser:

1 ½ kopp sellerirot, i terninger

1 ½ kopp purre, i terninger

½ kopp fennikel, i terninger

4 fedd hvitløk, knust

1 ss olivenolje

6 kopper vann

1 ½ kopper sopp

½ kopp persille, hakket

1 ss sort pepper

1 laurbærblad

Rute:

Forbered et vannbad, sett inn Sous Vide og sett til 180F. Forvarm ovnen til 450F. Ha purre, selleri, fennikel, hvitløk og olivenolje i en bolle. Kast dem opp. Ha den over på et stekebrett og sett den i ovnen. Stek i 20 minutter.

Legg de stekte grønnsakene i en vakuumlukkbar pose med juice, vann, persille, pepper, sopp og laurbærblad. Slipp ut luften, forsegl og senk posen i vannbadet og still inn timeren på 12 timer. Dekk bollen til vannbadet med plastfolie for å redusere fordampning og kjør vann inn i badekaret for å dekke grønnsakene.

Når timeren har stoppet, fjern og forsegl posen. Filtrer ingrediensene. Avkjøl og bruk frossen i opptil 1 måned.

Når timeren har stoppet, fjern og forsegl posen. Filtrer ingrediensene. Avkjøl og bruk frossen i opptil 2 uker.

Hvitløk Tabasco Edamame ost

Tilberedning + koketid: 1 time 6 minutter | Porsjoner: 4

Ingredienser

1 ss olivenolje
4 kopper fersk edamame i belger
1 teskje salt
1 fedd hvitløk, hakket
1 ss røde pepperflak
1 ss Tabasco saus

Ruter

Forbered et vannbad og plasser Sous Vide i den. Sett til 186F.

Varm en kjele med vann over høy varme og blancher edamamegrytene i 60 sekunder. Filtrer og plasser i et isvannbad. Bland hvitløk, rød pepperflak, tabascosaus og olivenolje.

Plasser edamamen i en vakuumforseglbar pose. Hell tabascosausen. Slipp ut luften ved å bruke vannfortrengningsmetoden, forsegl og senk posen i vannbadet. Kok i 1 time. Når timeren har stoppet, fjern posen, over i en bolle og server.

Herby Mashed Snow Peas

Tilberedning + koketid: 55 minutter | Porsjoner: 6

Ingredienser

½ kopp grønnsaksbuljong

1 pund ferske snøerter

Skal av 1 sitron

2 ss hakket fersk basilikum

1 ss olivenolje

Salt og sort pepper etter smak

2 ss hakket fersk gressløk

2 ss hakket fersk persille

¾ ts hvitløkspulver

Ruter

Forbered et vannbad og plasser Sous Vide i den. Sett til 186F.

Kombiner erter, sitronskall, basilikum, olivenolje, sort pepper, gressløk, persille, salt og hvitløkspulver og legg i en vakuumlukkbar pose. Slipp ut luften ved å bruke vannfortrengningsmetoden, forsegl og senk posen i vannbadet. Kok i 45 minutter. Når timeren har stoppet, fjern posen, overfør til en blender og bland godt.

Salvie stekt potetmos

Tilberedning + koketid: 1 time 35 minutter | Porsjoner: 6

Ingredienser

¼ kopp smør

12 søtpoteter, uskrellet

10 fedd hvitløk, finhakket

4 ts salt

6 ss olivenolje

5 friske salviekvister

1 ss paprika

Ruter

Forbered et vannbad og plasser Sous Vide i den. Sett til 192F.

Kombiner poteter, hvitløk, salt, olivenolje og 2 eller 3 timiankvister og legg i en vakuumlukkbar pose. Slipp ut luften ved å bruke vannfortrengningsmetoden, forsegl og senk posen i vannbadet. Kok i 1 time og 15 minutter.

Forvarm ovnen til 450F. Når timeren har stoppet, fjerner du potetene og overfører dem til en bolle. Skill kokesaftene.

Bland potetene godt med smøret og den resterende salvie våren. Ha over på et stekebrett som tidligere er kledd med aluminiumsfolie. Lag en brønn i midten av poteten og hell kokesaften i den. Stek potetene i 10 minutter, og snu dem deretter etter 5 minutter. Kast vismannen. Legg på tallerken og server drysset med paprika.

Smørte asparges med timian og ost

Tilberedning + koketid: 21 minutter | Porsjoner: 6

Ingredienser

¼ kopp barbert Pecorino Romano ost

16 oz fersk asparges, hakket

4 ss smør, i terninger

Salt etter smak

1 fedd hvitløk, hakket

1 ss timian

Ruter

Forbered et vannbad og plasser Sous Vide i den. Sett til 186F.

Legg aspargesen i en vakuumforseglbar pose. Tilsett smørterninger, hvitløk, salt og timian. Slipp ut luften ved å bruke vannfortrengningsmetoden, forsegl og senk posen i vannbadet. Kok i 14 minutter.

Når timeren har stoppet, fjern posen og overfør aspargesen til en tallerken. Drypp med litt matlagingsjuice. Pynt med Pecorino Romano ost.

Deilig pastinakk med honningglasur

Tilberedning + koketid: 1 time 8 minutter | Porsjoner: 4

Ingredienser

1 pund pastinakk, skrelt og hakket

3 ss smør

2 ss honning

1 ts olivenolje

Salt og sort pepper etter smak

1 ss hakket fersk persille

Ruter

Forbered et vannbad og plasser Sous Vide i den. Sett til 186F.

Legg pastinakk, smør, honning, olivenolje, salt og pepper i en vakuumpose. Slipp ut luften ved å bruke vannfortrengningsmetoden, forsegl og senk posen i vannbadet. Kok i 1 time.

Varm en panne på middels varme. Når timeren har stoppet, fjern posen og hell innholdet i pannen og kok i 2 minutter til væsken er blank. Tilsett persillen og bland raskt. Serverer.

Tomatkrem med ostesmørbrød

Tilberedning + koketid: 55 minutter | Porsjoner: 8)

Ingredienser

½ kopp kremost

2 kilo tomater skåret i skiver

Salt og sort pepper etter smak

2 ss olivenolje

2 fedd hvitløk, finhakket

½ ts hakket frisk salvie

⅛ ts røde pepperflak

½ teskje hvitvinseddik

2 ss smør

4 brødskiver

2 skiver halloumi ost

Ruter

Forbered et vannbad og plasser Sous Vide i den. Sett til 186F. Legg tomatene i et dørslag over en bolle og smak til med salt. Bland godt. La avkjøle i 30 minutter. Kast saftene. Bland olivenolje, hvitløk, salvie, sort pepper, salt og pepperflak.

Legg i en vakuumforseglbar pose. Slipp ut luften ved å bruke vannfortrengningsmetoden, forsegl og senk posen i vannbadet. Kok i 40 minutter.

Når timeren har stoppet, fjern posen og overfør til en blender. Tilsett eddik og kremost. Bland til glatt. Legg på en tallerken og tilsett eventuelt salt og pepper.

Slik lager du ostepinnene: Varm opp en panne på middels varme. Smør brødskivene med smør og legg dem i pannen. Legg osteskiver på brødet og legg på et annet brød med smør. Stek i 1-2 minutter. Gjenta med resten av brødet. Skjær i terninger. Server over den varme suppen.

Lønnbetesalat med cashewnøtter og Queso Fresco

Tilberedning + koketid: 1 time 35 minutter | Porsjoner: 8)

Ingredienser

6 store rødbeter, skrelt og i terninger

Salt og sort pepper etter smak

3 ss lønnesirup

2 ss smør

Skal av 1 stor appelsin

1 ss olivenolje

½ ts kajennepepper

1½ kopp cashewnøtter

6 kopper ruccola

3 mandariner, skrelles og kuttes i skiver

1 kopp queso fresco, smuldret

Ruter

Forbered et vannbad og plasser Sous Vide i den. Sett til 186F.

Legg gulrotbitene i en vakuumforseglbar pose. Tilsett salt og pepper. Tilsett 2 ss lønnesirup, smør og appelsinskall. Slipp ut luften ved å bruke vannfortrengningsmetoden, forsegl og senk posen i vannbadet. Kok i 1 time og 15 minutter.

Forvarm ovnen til 350F.

Rør inn gjenværende lønnesirup, olivenolje, salt og cayenne. Tilsett cashewnøtter og bland godt. Legg cashewnøttblandingen i en panne som er kledd med vokspaprika og stek i 10 minutter. Sett til side og la avkjøles.

Når timeren har stoppet, fjern rødbetene og hell av kokesaften. Legg ruccolaen på en tallerken, rødbete- og mandarinskivene over det hele. For å servere, dryss over queso fresco og cashewnøttblanding.

Osteaktig paprika med blomkål

Tilberedning + koketid: 52 minutter | Porsjoner: 5

Ingredienser

½ kopp barbert Provolone ost

1 blomkålhode, kuttet i buketter

2 fedd hvitløk, finhakket

Salt og sort pepper etter smak

2 ss smør

1 ss olivenolje

½ stor rød paprika, kuttet i strimler

½ stor gul paprika, kuttet i strimler

½ stor oransje paprika, kuttet i strimler

Ruter

Forbered et vannbad og plasser Sous Vide i den. Sett til 186F.

Bland godt sammen blomkålbukettene, 1 fedd hvitløk, salt, pepper, halvparten av smøret og halvparten av olivenoljen.

I en annen bolle blander du sammen paprika, gjenværende hvitløk, resterende salt, pepper, gjenværende smør og gjenværende olivenolje.

Legg blomkålen i en vakuumforseglbar pose. Legg paprikaene i en annen vakuumforseglingspose. Bruk vannfortrengningsmetoden, slipp ut luften, forsegl og senk posene ned i vannbadet. Kok i 40 minutter.

Når timeren har stoppet, fjern posene og hell innholdet i en bolle. Hell ut kokevæsken. Bland grønnsakene og strø over Provolone ost.

Høst squash kremsuppe

Tilberedning + koketid: 2 timer 20 minutter | Porsjoner: 6

Ingredienser

¾ kopp tung krem

1 høstsquash kuttet i små biter

1 stor pære

½ gul løk, i terninger

3 kvister fersk timian

1 fedd hvitløk, finhakket

1 ts malt spisskummen

Salt og sort pepper etter smak

4 ss crème fraîche

Ruter

Forbered et vannbad og plasser Sous Vide i den. Sett til 186F.

Bland sammen squash, pærer, løk, timian, hvitløk, spisskummen og salt. Legg i en vakuumforseglbar pose. Slipp ut luften ved hjelp av vannfortrengningsmetoden, forsegl den og dypp den i et vannbad. Kok i 2 timer.

Når timeren har stoppet, fjern posen og overfør innholdet til en blender. Puré til glatt. Tilsett fløten og bland godt. Tilsett salt og pepper. Ha blandingen i serveringsboller og hell over litt crème fraiche. Pynt med pærebiter.

Selleri og purre potetsuppe

Tilberedning + koketid: 2 timer 15 minutter | Porsjoner: 8)

Ingredienser

8 ss smør

4 røde poteter i skiver

1 gul løk, kuttet i ¼-tommers biter

1 selleristilk, kuttet i halvtommers biter

4 kopper ½-tommers purre i terninger, kun hvite deler

1 kopp grønnsakskraft

1 gulrot, finhakket

4 fedd hvitløk, hakket

2 laurbærblader

Salt og sort pepper etter smak

2 kopper tung krem

¼ kopp hakket fersk gressløk

Ruter

Forbered et vannbad og plasser Sous Vide i den. Sett til 186F.

Legg poteter, gulrøtter, løk, selleri, purre, grønnsakskraft, smør, hvitløk og laurbærblader i en vakuumlukkbar pose. Slipp ut luften ved å bruke vannfortrengningsmetoden, forsegl og senk posen i vannbadet. Kok i 2 timer.

Når timeren har stoppet, fjern posen og overfør til en blender. Kast laurbærbladene. Bland innholdet, smak til med salt og pepper. Hell sakte i fløten og kjør til den er jevn på 2-3 minutter. Ved servering tømmer du innholdet og pynter med gressløk.

Lemon Collard Greens Salat med blåbær

Tilberedning + koketid: 15 minutter | Porsjoner: 6

Ingredienser

6 kopper friske grønnsaker

6 ss olivenolje

2 fedd hvitløk, knust

4 ss sitronsaft

½ teskje salt

¾ kopp tørkede tranebær

Ruter

Forbered et vannbad og plasser Sous Vide i den. Sett til 196F. Bland urtene med 2 ss olivenolje. Legg i en vakuumforseglbar pose. Slipp ut luften ved å bruke vannfortrengningsmetoden, forsegl og senk posen i vannbadet. Kok i 8 minutter.

Bland resten av olivenolje, hvitløk, sitronsaft og salt. Når timeren har stoppet, fjern grønnkålen og overfør til en tallerken. Drypp med dressingen. Pynt med blåbær.

Sitrusmais med tomatsaus

Tilberedning + koketid: 55 minutter | Porsjoner: 8)

Ingredienser

⅓ kopp olivenolje

4 aks av gul mais, avskallet

Salt og sort pepper etter smak

1 stor tomat, hakket

3 ss sitronsaft

2 fedd hvitløk, finhakket

1 serrano pepper, med frø

4 sjalottløk, kun grønne deler, finhakket

½ haug med friske korianderblader, hakket

Ruter

Forbered et vannbad og plasser Sous Vide i den. Sett til 186F. Pisk maisen med olivenolje og smak til med salt og pepper. Legg dem i en vakuumforseglbar pose. Slipp ut luften ved å bruke vannfortrengningsmetoden, forsegl og senk posen i vannbadet. Kok i 45 minutter.

I mellomtiden blander du tomater, sitronsaft, hvitløk, serranopepper, løk, koriander og den resterende olivenoljen i en bolle. Forvarm en grill over høy varme.

Når timeren har stoppet, fjern maisen, overfør den til grillen og stek i 2-3 minutter. La det avkjøles. Skjær frøene av kolben og hell tomatsausen over dem. Server med fisk, salat eller tortillachips.

Ingefær Tamari rosenkål med sesam

Tilberedning + koketid: 43 minutter | Porsjoner: 6

Ingredienser

1½ pund rosenkål, halvert

2 fedd hvitløk, finhakket

2 ss vegetabilsk olje

1 ss tamarisaus

1 ts revet ingefær

¼ ts røde pepperflak

¼ ts ristet sesamolje

1 ss sesamfrø

Ruter

Forbered et vannbad og plasser Sous Vide i den. Sett til 186F. Varm opp en kjele på middels varme og bland hvitløk, vegetabilsk olje, tamarisaus, ingefær og røde pepperflak. Kok i 4-5 minutter. Legger du det til side, ignorerer du det.

Legg rosenkålen i en vakuumlukkbar pose og hell tamariblandingen i den. Slipp ut luften ved å bruke vannfortrengningsmetoden, forsegl og senk posen i vannbadet. Kok i 30 minutter.

Når timeren har stoppet, fjern posen og tørk av med et kjøkkenhåndkle. Reserver kokejuicen. Ha spirene over i en bolle og bland med sesamolje. Legg spirene på en tallerken og dryss med kokesaft. Pynt med sesamfrø.

Rødbetespinatsalat

Tilberedning + koketid: 2 timer 25 minutter | Porsjoner: 3

Ingredienser:

1 ¼ kopp rødbeter, trimmet og kuttet i passe store biter
1 kopp frisk spinat, hakket
2 ss olivenolje
1 ss sitronsaft, ferskpresset
1 ts balsamicoeddik
2 fedd hvitløk, knust
1 ss smør
Salt og sort pepper etter smak

Rute:

Skyll og rens rødbetene godt. Skjær i passe store biter og legg i en vakuumlukkbar pose med smør og presset hvitløk. Stek i Sous Vide i 2 timer ved 185F. Sett til side til avkjøling.

Kok opp en stor kjele med vann og tilsett spinaten. Kok i ett minutt, og fjern deretter fra varmen. Tøm godt. Overfør til en vakuumforseglbar pose og kok i Sous Vide i 10 minutter ved 180F. Fjern fra vannbadet og avkjøl helt. Ha i en stor bolle og tilsett den kokte rødbeten. Smak til med salt, pepper, eddik, olivenolje og sitronsaft. Server umiddelbart.

Hvitløk med grønn mynte

Tilberedning + koketid: 30 minutter | Porsjoner: 2

Ingredienser:

½ kopp fersk sikori, revet

½ kopp villasparges, hakket

½ kopp mangold, strimlet

¼ kopp frisk mynte, hakket

¼ kopp ruccola, revet

2 fedd hvitløk, finhakket

½ teskje salt

4 ss sitronsaft, ferskpresset

2 ss olivenolje

Rute:

Fyll en stor kjele med saltet vann og tilsett grønt. Kok i 3 minutter. Ta ut og tøm. Trykk forsiktig med hendene og skjær grønnsakene med en skarp kniv. Overfør til en stor vakuumforseglbar pose og kok i Sous Vide i 10 minutter ved 162F. Fjern fra vannbad og sett til side.

Varm olivenolje over middels varme i en stor panne. Tilsett hvitløken og stek i 1 minutt. Rør inn det grønne og smak til med salt. Dryss over fersk sitronsaft og server.

Rosenkål i hvitvin

Tilberedning + koketid: 35 minutter | Porsjoner: 4

Ingredienser:

1 kilo rosenkål, kuttet
½ kopp ekstra virgin olivenolje
½ kopp hvitvin
Salt og sort pepper etter smak
2 ss fersk persille, finhakket
2 fedd hvitløk, knust

Rute:

Legg rosenkål i en stor, vakuumforseglbar pose med tre spiseskjeer olivenolje. Stek i Sous Vide i 15 minutter ved 180F. Ta den ut av posen.

Varm opp resten av olivenoljen i en stor, ikke-klebende grillpanne. Tilsett rosenkål, knust hvitløk, salt og pepper. Grill kort, rist pannen et par ganger, til alle sider er lett brune. Tilsett vin og kok opp. Bland godt og fjern fra varmen. Dryss toppen med finhakket persille og server.

Rødbete- og geitostsalat

Tilberedning + koketid: 2 timer 20 minutter | Porsjoner: 3

Ingredienser:

1 kg rødbeter, skåret i skiver

½ kopp mandler, blanchert

2 ss hasselnøtter, skrelt

2 ts olivenolje

1 fedd hvitløk, finhakket

1 ts spisskummen pulver

1 ts sitronskall

Salt etter smak

½ kopp geitost, smuldret

Friske mynteblader til pynt

Dressing:

2 ss olivenolje

1 ss eplecidereddik

Rute:

Forbered et vannbad, sett inn Sous Vide og sett til 183F.

Legg rødbetene i en vakuumforseglbar pose. Slipp ut luften ved å bruke vannfortrengningsmetoden, forsegl og senk posen i vannbadet og still inn timeren på 2 timer. Når timeren har stoppet, fjern og forsegl posen. Sett rødbetene til side.

Sett en panne på middels varme, tilsett mandler og hasselnøtter og rist i 3 minutter. Legg på et skjærebrett og hakk. Tilsett olje i samme panne, tilsett hvitløk og spisskummen. Kok i 30 sekunder. Slå av varmen. Tilsett geitosten, mandelblandingen, sitronskall og hvitløksblandingen i en bolle. Blande. Pisk olivenolje og eddik til skum, og sett til side. Server som tilbehør.

Blomkål brokkolisuppe

Tilberedning + koketid: 70 minutter | Porsjoner: 2

Ingredienser:

1 middels blomkål kuttet i små buketter
½ lb brokkoli, kuttet i små buketter
1 grønn paprika, hakket
1 løk, i terninger
1 ts olivenolje
1 fedd hvitløk, knust
½ kopp grønnsakskraft
½ kopp skummet melk

Rute:

Forbered et vannbad, sett inn Sous Vide og sett til 185F.

Legg blomkål, brokkoli, paprika og hvitløk i en vakuumlukkbar pose og hell olivenolje i den. Slipp ut luften ved å bruke vannfortrengningsmetoden og forsegl posen. Senk posen i et vannbad. Still inn timeren på 50 minutter og kok.

Når timeren har stoppet, fjern posen og forsegl den. Ha grønnsakene i en blender, tilsett hvitløk og melk, og puré til den er jevn.

Sett en panne på middels varme, tilsett grønnsakspuré og grønnsaksjuice og la det småkoke i 3 minutter. Tilsett salt og pepper. Serveres varm som tilbehør.

Smørerter med mynte

Tilberedning + koketid: 25 minutter | Porsjoner: 2

Ingredienser:

1 ss smør
½ kopp snøerter
1 ss mynteblader, hakket
En klype salt
Sukker etter smak

Rute:

Forbered et vannbad, sett inn Sous Vide og sett til 183F. Legg alle ingrediensene i en vakuumforseglbar pose. Slipp ut luften ved hjelp av vannfortrengningsmetoden, forsegl og senk ned i badekaret. Kok i 15 minutter.

Når timeren har stoppet, fjern og forsegl posen. Ha ingrediensene på en tallerken. Server som krydder.

Rosenkål i søt sirup

Tilberedning + koketid: 75 minutter | Porsjoner: 3

Ingredienser:

4 lb rosenkål, halvert

3 ss olivenolje

¾ kopp fiskesaus

3 ss vann

2 ss sukker

1 ½ ss riseddik

2 ts limejuice

3 røde chili, i tynne skiver

2 fedd hvitløk, hakket

Rute:

Forbered et vannbad, sett inn Sous Vide og sett til 183F. Hell rosenkål, salt og olje i en vakuumforseglbar pose, slipp ut luften ved hjelp av vannfortrengningsmetoden, forsegl og senk posen i vannbadet. Still inn timeren på 50 minutter.

Etter at timeren har stoppet, fjern posen, forsegl den og overfør rosenkålen til en bakeplate med folie. Forvarm en broiler til høy, legg bakeplaten i den og stek i 6 minutter. Hell rosenkålen i en bolle.

Tilbered sausen: tilsett de andre oppførte matlagingsingrediensene i en bolle og bland. Tilsett sausen til rosenkålen og bland jevnt. Server som tilbehør.

Reddiker med urteost

Tilberedning + koketid: 1 time 15 minutter | Porsjoner: 3

Ingredienser:

10 oz geitost

4 oz kremost

¼ kopp rød paprika, finhakket

3 ss pesto

3 ts sitronsaft

2 ss persille

2 fedd hvitløk

9 store reddiker, i skiver.

Rute:

Forbered et vannbad, sett inn Sous Vide og sett til 181F. Legg reddikskivene i en vakuumforseglbar pose, slipp luften og forsegl. Senk posen i et vannbad og still timeren på 1 time.

Bland de andre oppførte ingrediensene i en bolle og hell i en pose. Legger du det til side, ignorerer du det. Når timeren har stoppet, fjern posen og forsegl den. Legg reddikskivene på en tallerken og fordel osteblandingen over hver skive. Server som snacks.

Balsamico dampet kål

Tilberedning + koketid: 1 time 45 minutter | Porsjoner: 3

Ingredienser:

1 pund rødkål, delt i kvarte og kjernen fjernet
1 sjalottløk, i tynne skiver
2 fedd hvitløk, i tynne skiver
½ spiseskje balsamicoeddik
½ ss usaltet smør
Salt etter smak

Rute:

Forbered et vannbad, sett inn Sous Vide og sett til 185F. Fordel kålen og andre ingredienser i 2 vakuumlukkbare poser. Slipp ut luften ved å bruke vannfortrengningsmetoden og forsegl posene. Senk dem i et vannbad og still timeren på 1 time og 30 minutter.

Når timeren har stoppet, fjern og forsegl posene. Legg kålen i serveringsfat med saften. Smak til med salt og eddik etter smak. Server som tilbehør.

Posjerte tomater

Tilberedning + koketid: 45 minutter | Porsjoner: 3

Ingredienser:

4 kopper cherrytomater
5 ss olivenolje
½ ss friske rosmarinblader, hakket
½ ss friske timianblader, hakket
Salt og sort pepper etter smak

Rute:

Forbered et vannbad, legg Sous Vide i det og sett det til 131 F. Del de oppførte ingrediensene i 2 vakuumlukkbare poser, smak til med salt og pepper. Slipp ut luften ved å bruke vannfortrengningsmetoden og forsegl posene. Senk dem i vannbad og still timeren på 30 minutter.

Etter at timeren har stoppet, fjern posene og forsegl. Ha tomatene med saften over i en bolle. Server som tilbehør.

Ratatouille

Tilberedning + koketid: 2 timer 10 minutter | Porsjoner: 3

Ingredienser:

2 zucchini, i skiver

2 tomater, hakket

2 røde paprika, frøet og kuttet i 2-tommers terninger

1 liten aubergine, i skiver

1 løk, kuttet i 1-tommers terninger

Salt etter smak

½ røde pepperflak

8 fedd hvitløk, knust

2 ½ ss olivenolje

5 tråder + 2 tråder basilikumblader

Rute:

Forbered et vannbad, sett inn Sous Vide og sett til 185F. Legg tomater, zucchini, løk, paprika og aubergine i 5 separate vakuumforseglede poser hver. Tilsett hvitløk, basilikumblader og 1 ss olivenolje i hver pose. Slipp ut luften ved å bruke vannfortrengningsmetoden, forsegl og senk posene i vannbadet og still inn timeren på 20 minutter.

Når timeren har stoppet, fjern posen med tomater. Legger du det til side, ignorerer du det. Tilbakestill tidtakeren til 30 minutter. Når timeren har stoppet, fjern posene med zucchini og rød paprika. Legger du det til side, ignorerer du det. Tilbakestill tidtakeren til 1 time.

Når timeren har stoppet, fjern de resterende posene og kast hvitløk og basilikumblader. Legg tomatene i en bolle og puré dem lett med en skje. Hakk de resterende grønnsakene og legg dem i tomatene. Smak til med salt, rød pepper, resterende olivenolje og basilikum. Server som tilbehør.

Tomatsuppe

Tilberedning + koketid: 60 minutter | Porsjoner: 3

Ingredienser:

2 kg tomater, delt i to
1 løk, i terninger
1 stang selleri, hakket
3 ss olivenolje
1 ss tomatpuré
En klype sukker
1 laurbærblad

Rute:

Forbered et vannbad, sett inn Sous Vide og sett til 185F. Ha de oppførte ingrediensene unntatt saltet i en bolle og bland. Legg dem i en vakuumforseglbar pose. Slipp ut luften ved å bruke vannfortrengningsmetoden, forsegl og senk posen i vannbadet. Still inn timeren på 40 minutter.

Når timeren har stoppet, fjern posen og forsegl den. Puré ingrediensene med en blender. Hell de blandede tomatene i en kjele og sett på middels varme. Tilsett salt og kok i 10 minutter. Hell suppen i boller og avkjøl. Server lun med lavkarbo brød.

Stuede rødbeter

Tilberedning + koketid: 1 time 15 minutter | Porsjoner: 3

Ingredienser:

2 rødbeter, skrelles og kuttes i 1 cm skiver
⅓ kopp balsamicoeddik
½ teskje olivenolje
⅓ kopp ristede valnøtter
⅓ kopp Grana Padano ost, revet
Salt og sort pepper etter smak

Rute:

Forbered et vannbad, sett inn Sous Vide og sett til 183F. Legg rødbetene, eddiken og saltet i en vakuumforseglbar pose. Slipp ut luften ved å bruke vannfortrengningsmetoden, forsegl og senk posen i vannbadet. Still inn timeren på 1 time.

Når timeren har stoppet, fjern og forsegl posen. Ha rødbetene over i en bolle, tilsett olivenolje og bland. Dryss nøtter og ost på toppen. Server som tilbehør.

Aubergine lasagne

Tilberedning + koketid: 3 timer | Porsjoner: 3

Ingredienser:

1 kg aubergine, skrelt og i tynne skiver

1 teskje salt

1 kopp tomatsaus, delt i 3 deler

2 dl fersk mozzarella i tynne skiver

1 dl parmesanost, revet

2 oz italiensk blanding ost, revet

3 ss frisk basilikum, hakket

Laste opp:

½ ss macadamianøtter, ristet og hakket

1 dl parmesanost, revet

1 oz italiensk blanding ost, revet

Rute:

Forbered et vannbad, sett inn Sous Vide og sett til 183F. Krydre auberginen med salt. Legg en vakuumforseglbar pose på siden, lag et lag av halvparten av auberginen, fordel en klatt tomatsaus, lag mozzarella, deretter parmesan, deretter osteblanding, deretter basilikum. Fordel den andre porsjonen tomatsaus på toppen.

Forsegl posen forsiktig med vannfortrengningsmetoden, helst flatt. Senk posen flatt i vannbadet. Still inn timeren på 2 timer og kok. I løpet av de første 30 minuttene slipper du luften ut 2-3 ganger, da auberginen avgir gasser under koking.

Når timeren har stoppet, fjern posen forsiktig og bruk en nål til å stikke i det ene hjørnet av posen for å frigjøre væske fra posen. Legg posen på en tallerken, skjær toppen og skyv lasagnen forsiktig over på tallerkenen. Topp med resterende tomatsaus, macadamianøtter, osteblanding og parmesanost. Smelt og rist osten med en lommelykt.

Soppsuppe

Tilberedning + koketid: 50 minutter | Porsjoner: 3

Ingredienser:

1 kg blandet sopp
2 løk, i terninger
3 fedd hvitløk
2 kvister persille, hakket
2 ss timianpulver
2 ss olivenolje
2 kopper krem
2 kopper grønnsaksbuljong

Rute:

Forbered et vannbad, sett inn Sous Vide og sett til 185F. Legg sopp, løk og selleri i en vakuumforseglbar pose. Slipp ut luften ved å bruke vannfortrengningsmetoden, forsegl og senk posen i vannbadet. Still inn timeren på 30 minutter. Når timeren har stoppet, fjern og forsegl posen.

Bland ingrediensene til posen i en blender. Sett en panne på middels varme, tilsett olivenolje. Når det begynner å bli varmt, tilsett moset sopp og resten av ingrediensene, bortsett fra fløten. Kok i 10 minutter. Slå av varmen og tilsett fløten. Bland godt og server.

Vegetarisk parmesan risotto

Tilberedning + koketid: 65 minutter | Porsjoner: 5

Ingredienser:

2 kopper Arborio ris

½ kopp vanlig hvit ris

1 kopp grønnsakskraft

1 kopp vann

6 til 8 gram parmesanost, revet

1 løk, hakket

1 ss smør

Salt og sort pepper etter smak

Rute:

Forbered et vannbad og plasser Sous Vide i den. Sett til 185F. Smelt smøret i en panne på middels varme. Tilsett løk, ris og krydder og stek i noen minutter. Overfør til en vakuumforseglbar pose. Slipp ut luften ved hjelp av vannfortrengningsmetoden, forsegl og senk posen i et vannbad. Still inn timeren på 50 minutter. Når timeren har stoppet, fjern posen og rør inn parmesanosten.

Grønn suppe

Tilberedning + koketid: 55 minutter | Porsjoner: 3

Ingredienser:

4 kopper grønnsakskraft

1 ss olivenolje

1 fedd hvitløk, knust

1 tommer ingefær, i skiver

1 ts korianderpulver

1 stor zucchini, i terninger

3 kopper grønnkål

2 kopper brokkoli, kuttet i buketter

1 lime, saft og skall

Rute:

Forbered et vannbad, sett inn Sous Vide og sett til 185F. Legg brokkoli, zucchini, grønnkål og persille i en vakuumpose. Slipp ut luften ved å bruke vannfortrengningsmetoden, forsegl og senk posen i vannbadet. Still inn timeren på 30 minutter.

Når timeren har stoppet, fjern og forsegl posen. Ha de dampede ingrediensene med hvitløk og ingefær i en blender. Puré til glatt. Hell den grønne pureen i en beholder og tilsett de andre oppførte ingrediensene. Sett kjelen på middels varme og la det småkoke i 10 minutter. Server som et lett måltid.

Blandet grønnsakssuppe

Tilberedning + koketid: 55 minutter | Porsjoner: 3

Ingredienser:

1 søt løk, i skiver

1 ts hvitløkspulver

2 kopper zucchini, kuttet i små terninger

3 oz parmesanskall

2 kopper babyspinat

2 ss olivenolje

1 ts røde pepperflak

2 kopper grønnsaksbuljong

1 kvist rosmarin

Salt etter smak

Rute:

Forbered et vannbad, sett inn Sous Vide og sett til 185F. Kast alle ingrediensene unntatt hvitløk og salt med olivenolje og legg i en vakuumforseglingspose. Slipp ut luften ved å bruke vannfortrengningsmetoden, forsegl og senk posen i vannbadet. Still inn timeren på 30 minutter.

Når timeren har stoppet, fjern og forsegl posen. Kast rosmarinen. Hell resten av ingrediensene i en bolle, tilsett salt og hvitløkspulver. Sett kjelen på middels varme og la det småkoke i 10 minutter. Server som et lett måltid.

Røkt Paprika Veggie Wontons

Tilberedning + koketid: 5 timer 15 minutter | Porsjoner: 9)

Ingredienser:

10 oz wonton wraps

10 gram grønnsaker etter eget valg, strimlet

2 egg

1 ts olivenolje

½ ts chilipulver

½ ts røkt paprika

½ ts hvitløkspulver

Salt og sort pepper etter smak

Rute:

Forbered et vannbad og plasser Sous Vide i den. Sett til 165F.

Pisk egget sammen med krydderne. Rør inn grønnsakene og oljen. Hell blandingen i en vakuumforseglbar pose - Slipp ut luften ved hjelp av vannfortrengningsmetoden, forsegl og senk posen i et vannbad. Still inn timeren på 5 timer.

Når timeren har stoppet, fjern posen og overfør den til en bolle. Fordel blandingen mellom ravioliene, pakk dem inn og press kantene sammen. Kok i kokende vann over middels varme i 4 minutter.

Quinoa og selleri Miso rett

Tilberedning + koketid: 2 timer 25 minutter | Porsjoner: 6

Ingredienser

1 selleri, hakket

1 ss misopasta

6 fedd hvitløk

5 kvister timian

1 ts løkpulver

3 ss ricottaost

1 ss sennepsfrø

Saft av ¼ stor sitron

5 cherrytomater, grovhakkede

Hakket persille

8 gram vegansk smør

8 gram kokt quinoa

Ruter

Forbered et vannbad og plasser Sous Vide i den. Sett til 186F.

I mellomtiden, varm en panne på middels varme og tilsett hvitløk, timian og sennepsfrø. Kok i ca 2 minutter. Tilsett smøret og rør til det er brunt. Bland med løkpulveret og sett til side. La avkjøles i romtemperatur. Legg sellerien i en vakuumforseglbar pose. Slipp ut luften ved å bruke vannfortrengningsmetoden, forsegl og senk posen i vannbadet. Kok i 2 timer.

Når timeren har stoppet, fjern posen og overfør til en panne og rør til den er gyldenbrun. Smak til med miso. Legger du det til side, ignorerer du det. Varm opp en panne på middels varme, tilsett tomater, sennep og quinoa. Bland med sitronsaft og persille. Bland selleri og tomater sammen og server.

Reddik og basilikumsalat

Tilberedning + koketid: 50 minutter | Porsjoner: 2

Ingredienser:

20 små reddiker, kuttet

1 ss hvitvinseddik

¼ kopp hakket basilikum

½ kopp fetaost

1 ts sukker

1 spiseskje vann

¼ teskje salt

Rute:

Forbered et vannbad og plasser Sous Vide i den. Sett til 200F. Legg reddikene i en stor vakuumpose og tilsett eddik, sukker, salt og vann. La oss riste det opp. Slipp ut luften ved hjelp av vannfortrengningsmetoden, forsegl den og dypp den i et vannbad. Kok i 30 minutter. Når timeren har stoppet, fjern posen og la den avkjøles i et isbad. Serveres varm. Server toppet med basilikum og fetaost.

Paprikablanding

Tilberedning + koketid: 35 minutter | Porsjoner: 2

Ingredienser:

1 rød paprika, hakket

1 gul paprika, hakket

1 grønn paprika, hakket

1 stor appelsin paprika, hakket

Salt etter smak

Rute:

Forbered et vannbad, sett inn Sous Vide og sett til 183F. Legg alle paprikaene med salt i en vakuumforseglbar pose. Slipp ut luften ved å bruke vannfortrengningsmetoden, forsegle og senk ned i vannbadet. Still inn timeren på 15 minutter. Når timeren har stoppet, fjern og forsegl posen. Server paprikaen med saften som tilbehør.

Koriander gurkemeie quinoa

Tilberedning + koketid: 105 minutter | Porsjoner: 6

Ingredienser:

3 kopper quinoa

2 kopper tung krem

½ kopp vann

3 ss korianderblader

2 ts gurkemeiepulver

1 ss smør

½ spiseskje salt

Rute:

Forbered et vannbad og plasser Sous Vide i den. Sett til 180F.

Legg alle ingrediensene i en vakuumforseglbar pose. Bland godt. Slipp ut luften ved hjelp av vannfortrengningsmetoden, forsegl og senk posen i et vannbad. Still inn timeren på 90 minutter. Når timeren har stoppet, fjern posen. Serveres varm.

Oregano hvite bønner

Tilberedning + koketid: 5 timer 15 minutter | Porsjoner: 8

Ingredienser:

12 gram hvite bønner

1 kopp tomatpuré

8 oz grønnsakskraft

1 spiseskje sukker

3 ss smør

1 kopp hakket løk

1 paprika, hakket

1 spiseskje oregano

2 ts paprika

Rute:

Forbered et vannbad og plasser Sous Vide i den. Sett til 185F.

Kombiner alle ingrediensene i en vakuumforseglbar pose. Bland det sammen. Slipp ut luften ved hjelp av vannfortrengningsmetoden, forsegl og senk posen i et vannbad. Still inn timeren på 5 timer. Når timeren har stoppet, fjern posen. Serveres varm.

Potet- og daddelsalat

Tilberedning + koketid: 3 timer 15 minutter | Porsjoner: 6

Ingredienser:

2 kilo poteter, kuttet i terninger
5 gram dadler, hakket
½ kopp smuldret geitost
1 ts oregano
1 ss olivenolje
1 ss sitronsaft
3 ss smør
1 ts koriander
1 teskje salt
1 ss hakket persille
¼ ts hvitløkspulver

Rute:

Forbered et vannbad og plasser Sous Vide i den. Sett til 190F.

Legg poteter, smør, dadler, oregano, koriander og salt i en vakuumforseglbar pose. Slipp ut luften ved hjelp av vannfortrengningsmetoden, forsegl og senk posen i et vannbad. Still inn timeren på 3 timer.

Når timeren har stoppet, fjern posen og overfør den til en bolle. Bland olivenolje, sitronsaft, persille og hvitløkspulver og ringle over salaten. Hvis du bruker ost, dryss det på toppen.

Paprikagryn

Tilberedning + koketid: 3 timer 10 minutter | Porsjoner: 4

Ingredienser:

10 gram semulegryn

4 ss smør

1 ½ ts paprika

10 gram vann

½ teskje hvitløksalt

Rute:

Forbered et vannbad og plasser Sous Vide i den. Sett til 180F.

Legg alle ingrediensene i en vakuumforseglbar pose. Bland med en skje for å blande godt. Slipp ut luften ved hjelp av vannfortrengningsmetoden, forsegl og senk posen i et vannbad. Still inn timeren på 3 timer. Når timeren har stoppet, fjern posen. Fordel mellom 4 serveringsboller.

Druegrønnsaksblanding

Tilberedning + koketid 105 minutter | Porsjoner: 9)

Ingredienser:

8 søtpoteter, i skiver

2 rødløk, i skiver

4 gram tomater, purert

1 ts finhakket hvitløk

Salt og sort pepper etter smak

1 ts druejuice

Rute:

Forbered et vannbad og plasser Sous Vide i den. Sett til 183F. Legg alle ingrediensene i en vakuumforseglingspose med ¼ kopp vann. Slipp ut luften ved hjelp av vannfortrengningsmetoden, forsegl og senk posen i et vannbad. Still inn timeren på 90 minutter. Når timeren har stoppet, fjern posen. Serveres varm.

Mint kikert og sopprett

Tilberedning + koketid: 4 timer 15 minutter | Porsjoner: 8

Ingredienser:

9 gram sopp

3 kopper grønnsakssuppe

1 kilo kikerter, bløtlagt over natten og avrent

1 ts smør

1 ts paprika

1 spiseskje sennep

2 ss tomatjuice

1 teskje salt

¼ kopp hakket mynte

1 ss olivenolje

Rute:

Forbered et vannbad og plasser Sous Vide i den. Sett til 195F. Legg buljongen og kikertene i en vakuumlukkbar pose. Slipp ut luften ved hjelp av vannfortrengningsmetoden, forsegl og senk posen i et vannbad. Still inn timeren på 4 timer.

Når timeren har stoppet, fjern posen. Varm olje i en panne på middels varme. Tilsett sopp, tomatjuice, paprika, salt og sennep. Kok i 4 minutter. Tøm kikertene og ha dem i pannen. Kok i ytterligere 4 minutter. Rør inn smør og mynte.

Grønnsak Caponata

Tilberedning + koketid: 2 timer 15 minutter | Porsjoner: 4

Ingredienser:

4 bokser plommetomater, knuste
2 paprika, i skiver
2 zucchini, i skiver
½ løk, i skiver
2 auberginer, i skiver
6 fedd hvitløk, finhakket
2 ss olivenolje
6 basilikumblader
Salt og sort pepper etter smak

Rute:

Forbered et vannbad og plasser Sous Vide i den. Sett til 185F. Kombiner alle ingrediensene i en vakuumforseglbar pose. Slipp ut luften ved hjelp av vannfortrengningsmetoden, forsegl og senk posen i et vannbad. Still inn timeren på 2 timer. Når timeren har stoppet, overfør til en tallerken.

Braisert mangold med lime

Tilberedning + koketid: 25 minutter | Porsjoner: 2

2 pund mangold

4 ss ekstra virgin olivenolje

2 fedd hvitløk, knust

1 hel lime, juice

2 ts havsalt

Rute:

Skyll mangolden grundig og la den renne av i et dørslag. Grovhakk med en skarp kniv og ha over i en stor bolle. Bland inn 4 ss olivenolje, knust hvitløk, limejuice og havsalt. Overfør til en stor vakuumforseglingspose og forsegl. Kok en sous vide i 10 minutter ved 180 F.

Rotgrønnsaksmos

Tilberedning + koketid: 3 timer 15 minutter | Porsjoner: 4

Ingredienser:

2 pastinakk, skrelt og hakket

1 kålrot, skrelt og hakket

1 stor søtpotet, skrelt og hakket

1 ss smør

Salt og sort pepper etter smak

En klype muskatnøtt

¼ ts timian

Rute:

Forbered et vannbad og plasser Sous Vide i den. Sett til 185F. Legg grønnsakene i en vakuumforseglbar pose. Slipp ut luften ved hjelp av vannfortrengningsmetoden, forsegl og dypp ned i et vannbad. Kok i 3 timer. Når du er klar, fjern posen og mos grønnsakene med en potetstapper. Bland inn de andre ingrediensene.

Kål og paprika i tomatsaus

Tilberedning + koketid: 4 timer 45 minutter | Porsjoner: 6

Ingredienser:

2 kilo kål, i skiver

1 kopp oppskåret paprika

1 kopp tomatpuré

2 løk, i skiver

1 spiseskje sukker

Salt og sort pepper etter smak

1 ss koriander

1 ss olivenolje

Rute:

Forbered et vannbad og plasser Sous Vide i den. Sett til 184F.

Legg kålen og løken i en vakuumlukkbar pose og smak til med krydderne. Tilsett tomatpureen og bland godt. Slipp ut luften ved hjelp av vannfortrengningsmetoden, forsegl og senk posen i et vannbad. Still inn timeren på 4 timer og 30 minutter. Når timeren har stoppet, fjern posen.

Sennepslinser og tomatrett

Tilberedning + koketid: 105 minutter | Porsjoner: 8

Ingredienser:

2 kopper linser

1 boks hakkede tomater, ikke avrent

1 kopp grønne erter

3 kopper grønnsakskraft

3 kopper vann

1 løk, hakket

1 gulrot, i skiver

1 ss smør

2 ss sennep

1 ts røde pepperflak

2 ss limejuice

Salt og sort pepper etter smak

Rute:

Forbered et vannbad og plasser Sous Vide i den. Sett til 192F. Legg alle ingrediensene i en stor, vakuumforseglbar pose. Slipp ut luften ved hjelp av vannfortrengningsmetoden, forsegl den og senk den ned i badekaret. Kok i 90 minutter. Etter at timeren har stoppet, fjern posen og overfør til en stor bolle og rør rundt før servering.

Pepper ris pilaf med rosiner

Tilberedning + koketid: 3 timer 10 minutter | Porsjoner: 6

Ingredienser:

2 kopper hvit ris

2 kopper grønnsakskraft

⅔ kopp vann

3 ss rosiner, hakket

2 ss rømme

½ kopp hakket rødløk

1 paprika, hakket

Salt og sort pepper etter smak

1 ts timian

Rute:

Forbered et vannbad og plasser Sous Vide i den. Sett til 180F.

Legg alle ingrediensene i en vakuumforseglbar pose. Bland godt. Slipp ut luften ved hjelp av vannfortrengningsmetoden, forsegl og senk posen i et vannbad. Still inn timeren på 3 timer. Når timeren har stoppet, fjern posen. Serveres varm.

Spisskummen suppe med yoghurt

Tilberedning + koketid: 2 timer 20 minutter | Porsjoner: 4

Ingredienser

1 ss olivenolje

1½ ts spisskummen

1 middels løk, i terninger

1 purre delt i to og i tynne skiver

Salt etter smak

2 kilo gulrøtter, hakket

1 laurbærblad

3 kopper grønnsakssuppe

½ kopp helmelkyoghurt

Eple eddik

Friske dillblader

Ruter

Forbered et vannbad og plasser Sous Vide i den. Sett til 186F. Varm olivenolje i en stor panne på middels varme og tilsett spisskummen. Stek dem i 1 minutt. Tilsett løk, salt og purre og fres i 5-7 minutter eller til den er myk. Kombiner løk, laurbærblad, gulrot og 1/2 ss salt i en stor bolle.

Fordel blandingen i en vakuumforseglbar pose. Slipp ut luften ved å bruke vannfortrengningsmetoden, forsegl og senk posen i vannbadet. Kok i 2 timer.

Når timeren har stoppet, fjern posen og hell i en bolle. Tilsett grønnsakssuppen og bland. Rør inn yoghurten. Smak til suppen med salt og eddik og server med dillbladene.

Smøraktig sommersquash

Tilberedning + koketid: 1 time 35 minutter | Porsjoner: 4

Ingredienser

2 ss smør
¾ kopp løk, hakket
1½ kilo sommersquash i skiver
Salt og sort pepper etter smak
½ kopp helmelk
2 store hele egg
½ kopp smuldret vanlig potetgull

Ruter

Forbered et vannbad og plasser Sous Vide i den. Sett til 175F

I mellomtiden smører du noen glass. Varm opp en stor panne på middels varme og smelt smøret. Tilsett løken og la det småkoke i 7 minutter. Tilsett gresskaret, smak til med salt og pepper og stek i 10 minutter. Fordel blandingen i glassene. La avkjøles og sett til side.

Pisk melk, salt og egg i en bolle. Smak til med pepper. Hell blandingen i glassene, lukk dem og dypp dem i vannbad. Kok i 60 minutter. Når timeren har stoppet, fjern glassene og la dem avkjøles i 5 minutter. Server over potetgull.

Karri ingefær og nektarin chutney

Tilberedning + koketid: 60 minutter | Porsjoner: 3

Ingredienser

½ kopp granulert sukker

½ kopp vann

¼ kopp hvitvinseddik

1 fedd hvitløk, hakket

¼ kopp hvit løk, finhakket

Saft av 1 lime

2 ts revet fersk ingefær

2 ts karripulver

En klype røde pepperflak

Salt og sort pepper etter smak

Paprikaflak etter smak

4 store nektariner, kuttet i skiver

¼ kopp hakket fersk basilikum

Ruter

Forbered et vannbad og plasser Sous Vide i den. Sett til 168F.

Varm opp en panne på middels varme og bland vann, sukker, hvitvinseddik og hvitløk. Rør til sukkeret mykner. Tilsett limejuice, løk, karripulver, ingefær og rød pepperflak. Smak til med salt og sort pepper. Bland godt. Legg blandingen i en vakuumforseglbar pose. Slipp ut luften ved å bruke vannfortrengningsmetoden, forsegl og senk posen i vannbadet. Kok i 40 minutter.

Når timeren har stoppet, fjern posen og legg den i et isbad. Ha maten over på et serveringsfat. Pynt med basilikum.

Rosemary Russet Poteter Confit

Tilberedning + koketid: 1 time 15 minutter | Porsjoner: 4

Ingredienser

1 kilo brune poteter, kuttet i små biter

Salt etter smak

¼ teskje malt hvit pepper

1 ts hakket fersk rosmarin

2 ss helsmør

1 ss maisolje

Ruter

Forbered et vannbad og plasser Sous Vide i den. Sett til 192F. Krydre potetene med rosmarin, salt og pepper. Bland potetene med smør og olje. Legg i en vakuumforseglbar pose. Slipp ut luften ved å bruke vannfortrengningsmetoden, forsegl og senk posen i vannbadet. Kok i 60 minutter. Når timeren har stoppet, fjern posen og overfør den til en stor bolle. Pynt med smør og server.

Karripære og kokoskrem

Tilberedning + koketid: 1 time 10 minutter | Porsjoner: 4

Ingredienser

2 pærer, kjernehuset, skrellet og skåret i skiver
1 ss karripulver
2 ss kokoskrem

Ruter

Forbered et vannbad og plasser Sous Vide i den. Sett til 186F.

Bland alle ingrediensene sammen og legg i en vakuumforseglbar pose. Slipp ut luften ved å bruke vannfortrengningsmetoden, forsegl og senk posen i vannbadet. Kok i 60 minutter. Når timeren har stoppet, fjern posen og overfør den til en stor bolle. Del opp i tallerkener og server.

Myk brokkolipuré

Tilberedning + koketid: 2 timer 15 minutter | Porsjoner: 4

Ingredienser

1 hode brokkoli skåret i buketter

½ ts hvitløkspulver

Salt etter smak

1 ss smør

1 ss kraftig kremfløte

Ruter

Forbered et vannbad og plasser Sous Vide i den. Sett til 183F. Kombiner brokkoli, salt, hvitløkspulver og tung fløte. Legg i en vakuumforseglbar pose. Slipp ut luften ved å bruke vannfortrengningsmetoden, forsegl og senk posen i vannbadet. Kok i 2 timer.

Etter at timeren har stoppet, fjern posen og overfør til en blender for å pulsere. Krydre og server.

Deilig chutney laget av dadler og mango

Tilberedning + koketid: 1 time 45 minutter | Porsjoner: 4

Ingredienser

2 kilo mango, hakket

1 liten løk, i terninger

½ kopp lyst brunt sukker

¼ kopp dadler

2 ss eplecidereddik

2 ss ferskpresset sitronsaft

1½ ts gule sennepsfrø

1½ ts korianderfrø

Salt etter smak

¼ ts karripulver

¼ teskje tørket gurkemeie

⅛ teskje cayenne

Ruter

Forbered et vannbad og plasser Sous Vide i den. Sett til 183F.

Bland alle ingrediensene. Legg i en vakuumforseglbar pose. Slipp ut luften ved å bruke vannfortrengningsmetoden, forsegl og senk posen i vannbadet. Kok i 90 minutter. Når timeren har stoppet, fjern posen og hell den i en beholder.

Mandarin og grønne bønnesalat med valnøtter

Tilberedning + koketid: 1 time 10 minutter | Porsjoner: 8)

Ingredienser

2 kilo grønne bønner, hakket

2 mandariner

2 ss smør

Salt etter smak

2 oz valnøtter

Ruter

Forbered et vannbad og plasser Sous Vide i den. Sett til 186F. Bland grønne bønner, salt og smør. Legg i en vakuumforseglbar pose. Tilsett mandarinskallet og saften. Slipp ut luften ved å bruke vannfortrengningsmetoden, forsegl og senk posen i vannbadet. Kok i 1 time. Når timeren har stoppet, fjern posen og overfør den til en tallerken. Dryss toppen med mandarinskall og valnøtter.

Grønn ertekrem med muskatnøtt

Tilberedning + koketid: 1 time 10 minutter | Porsjoner: 8)

Ingredienser

1 pund friske grønne erter

1 kopp kremfløte

¼ kopp smør

1 ss maisstivelse

¼ ts malt muskatnøtt

4 nellik

2 laurbærblader

Svart pepper etter smak

Ruter

Forbered et vannbad og plasser Sous Vide i den. Sett til 184F. Bland maisenna, muskat og fløte i en bolle. Rør til maizenaen mykner.

Legg blandingen i en vakuumforseglbar pose. Slipp ut luften ved å bruke vannfortrengningsmetoden, forsegl og senk posen i vannbadet. Kok i 1 time. Etter at timeren har stoppet, fjern posen og fjern laurbærbladet. Serverer.

Enkel brokkolipuré

Tilberedning + koketid: 60 minutter | Porsjoner: 4

Ingredienser

1 hode brokkoli
1 kopp grønnsakskraft
3 ss smør
Salt etter smak

Ruter

Forbered et vannbad og plasser Sous Vide i den. Sett til 186F.

Bland brokkoli, smør og grønnsakskraft. Legg i en vakuumforseglbar pose. Slipp ut luften ved å bruke vannfortrengningsmetoden, forsegl og senk posen i vannbadet. Kok i 45 minutter.

Når timeren har stoppet, fjern posen og tøm den. Reserver kokejuicen. Ha brokkolien i en blender og puré til den er jevn. Hell litt av kokesaften over. Smak til med salt og pepper før servering.

Rød chili brokkoli suppe

Tilberedning + koketid: 1 time 25 minutter | Porsjoner: 8)

Ingredienser

2 ss olivenolje

1 stor løk, i terninger

2 fedd hvitløk, i skiver

Salt etter smak

⅛ ts knuste røde chiliflak

1 hode brokkoli skåret i buketter

1 eple, skrelt og i terninger

6 kopper grønnsakssuppe

Ruter

Forbered et vannbad og plasser Sous Vide i den. Sett til 183F.

Varm en stekepanne på middels varme med oljen til den skimrer. Småkok løken, 1/4 ss salt og hvitløk i 7 minutter. Tilsett chiliflakene og bland godt. Fjern fra varme. La det avkjøles.

Legg epler, brokkoli, løkblanding og 1/4 ss salt i en vakuumforseglbar pose. Slipp ut luften ved å bruke vannfortrengningsmetoden, forsegl og senk posen i vannbadet. Kok i 1 time.

Når timeren har stoppet, fjern posen og overfør den til en beholder. Hell over grønnsakssuppen og bland. Smak til med salt og server.

Fedd miso mais med sesam og honning

Tilberedning + koketid: 45 minutter | Porsjoner: 4

Ingredienser

4 maiskorn

6 ss smør

3 ss rød misopasta

1 ts honning

1 ts allehånde

1 ss rapsolje

1 sjalottløk, i tynne skiver

1 ts ristede sesamfrø

Ruter

Forbered et vannbad og plasser Sous Vide i den. Sett til 183F. Rens maisen og kutt ørene. Pensle hver mais med 2 ss smør. Legg i en vakuumforseglbar pose. Slipp ut luften ved å bruke vannfortrengningsmetoden, forsegl og senk posen i vannbadet. Kok i 30 minutter.

I mellomtiden blander du 4 ss smør, 2 ss misopasta, honning, rapsolje og allehånde i en bolle. Bland godt. Legger du det til side, ignorerer du det. Når timeren har stoppet, fjern posen og rist maisen. Fordel misoblandingen på toppen. Pynt med sesamolje og løk.

Kremet gnocchi med erter

Tilberedning + koketid: 1 time 50 minutter | Porsjoner: 2

Ingredienser

1 pakke gnocchi

1 ss smør

½ tynne skiver søt løk

Salt og sort pepper etter smak

½ kopp frosne erter

¼ kopp tung krem

½ kopp revet Pecorino Romano ost

Ruter

Forbered et vannbad og plasser Sous Vide i den. Sett til 183F. Legg gnocchiene i en vakuumforseglbar pose. Slipp ut luften ved å bruke vannfortrengningsmetoden, forsegl og senk posen i vannbadet. Kok i 1 time og 30 minutter.

Når timeren har stoppet, fjern posen og sett den til side. Varm opp en panne på middels varme med smør og stek løken i 3 minutter. Tilsett frosne erter og fløte og kok opp. Bland gnocchien med fløtesausen, smak til med pepper og salt og server på tallerken.

Honning eple og ruccolasalat

Tilberedning + koketid: 3 timer 50 minutter | Porsjoner: 4

Ingredienser

2 ss honning

2 epler, kjernet ut, halvert og skåret i skiver

½ kopp valnøtter, ristet og hakket

½ kopp revet Grana Padano ost

4 kopper ruccola

Havsalt etter smak

Påkledning

¼ kopp olivenolje

1 ss hvitvinseddik

1 ts dijonsennep

1 fedd hvitløk, hakket

Salt etter smak

Ruter

Forbered et vannbad og plasser Sous Vide i den. Sett til 158F. Ha honningen i en glassbolle, varm opp i 30 sekunder, tilsett eplet og bland godt. Legg i en vakuumforseglbar pose. Slipp ut luften ved å bruke vannfortrengningsmetoden, forsegl og senk posen i vannbadet. Kok i 30 minutter.

Når timeren har stoppet, fjern posen og plasser den i et isvannsbad i 5 minutter. Avkjøl i 3 timer. Bland alle ingrediensene til dressingen i en krukke og rist godt. La den avkjøles et øyeblikk i kjøleskapet.

Bland ruccola, valnøtter og Grana Padano ost i en bolle. Tilsett ferskenskivene. Topp med dressing. Smak til med salt og pepper og server.

www.ingramcontent.com/pod-product-compliance
Lightning Source LLC
Chambersburg PA
CBHW070423120526
44590CB00014B/1510